课本里的作家

课本里的作家

有的人
——臧克家诗歌精粹

臧克家 / 著

山东教育出版社
济南·

图书在版编目（CIP）数据

有的人：臧克家诗歌精粹 / 臧克家著 . — 济南：
山东教育出版社，2023.3（2023.4 重印）
（爱阅读·课本里的作家）
ISBN 978-7-5701-2500-5

Ⅰ．①有… Ⅱ．①臧… Ⅲ．①阅读课—小学—教学参
考资料 Ⅳ．①G624.233

中国国家版本馆 CIP 数据核字（2023）第 043535 号

YOU DE REN——ZANG KEJIA SHIGE JINGCUI

有的人——臧克家诗歌精粹

臧克家　著

主管单位：山东出版传媒股份有限公司
出版发行：山东教育出版社
　　　　　地址：济南市市中区二环南路 2066 号 4 区 1 号　邮编：250003
　　　　　电话：（0531）82092600　　　　　网址：www.sjs.com.cn
印　　刷：天津泰宇印务有限公司
版　　次：2023 年 3 月第 1 版
印　　次：2023 年 4 月第 2 次印刷
开　　本：700 mm × 1000 mm　1/16
印　　张：12
字　　数：145 千
定　　价：35.80 元

（如印装质量有问题，请与印刷厂联系调换）
印厂电话：022-29649190

老马

总得叫大车装个够，
它横竖不说一句话，
背上的压力往肉里扣，
它把头沉重地垂下。

拾落叶的姑娘

她不管秋光老得多可怜，
也不管冷风吹得多凄惨，
让破烂的单衣发着抖，
只顾拾着，一片，两片，三片。

农家的夏晚

小孩子仰脸看天空，
一只瘦猫半合着眼睛，
长毛狗躺在一边，
伸长了舌头呼呼地喘，
半空的树顶摆来摆去，
但风却不来扫去他们身上的
汗珠。

小兵队

"立正"！
突然一个口令，
他们向我这陌生客敬礼，
接着一阵哄笑，
解开了绷着的脸子。

星星

仰起脸来，
向着那白茫茫的银河，
一，二，三，你数，
呵，它们是那么多，那么多……

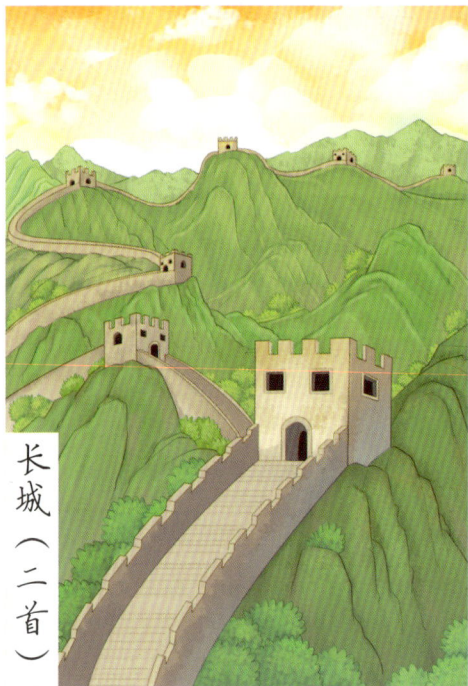

长城（二首）

山岩是你躯体的骨骼，
雄关是你炯炯的双眼，
你用身子作一道屏障，
阻住北边吹来的风寒。

总序

北京书香文雅图书文化有限公司的李继勇先生与我联系，说他们策划了一套《爱阅读·课本里的作家》丛书，读者对象主要是中小学生，可以作为学生的课外阅读用书，希望我写篇序。作为一名语文教育工作者，在中共中央办公厅、国务院办公厅印发《关于进一步减轻义务教育阶段学生作业负担和校外培训负担的意见》（以下简称"双减"）的大背景下，为学生推荐这套优秀课外读物责无旁贷，也更有意义。

一、"双减"以后怎么办？

"双减"政策对义务教育阶段学生的作业和校外培训作出严格规定。我认为这是一件好事。曾几何时，我们的中小学生作业负担重，不少学生不是在各种各样的培训班里，就是在去培训班的路上。学生"学"无宁日，备尝艰辛；家长们焦虑不安，苦不堪言。校外培训机构为了增强吸引力，到处挖掘优秀教师资源，有些老师受利益驱使，不能安心从教。他们的行为破坏了教育生态，违背了教育规律，严重影响了我国教育改革发展。教育是什么？教育是唤醒，是点燃，是激发。而校外培训的噱头仅仅是提高考试成绩，让学生在中高考中占得先机。他们的广告词是"提高一分，干掉千人"，大肆渲染"分数为王"，在这种压力之下，学生面对的是"分萧萧兮题海寒"，不得不深陷题海，机械刷题。假如只有一部分学生上培训班，提高的可能是分数。但是，如果大多数学生或者所有学生都去上培训班，那提高的就不是分数，而只是分数线。教育的根本任务是立德树人，是培根铸魂，是启智增慧，是让学生的德智体美劳全面发展，是培养社会主义建设者和接班人，是为中华民族伟大复兴提供人才，而不是培养只会考试的"机器"，更不能被资本所"绑架"。所以中央才"出重拳""放实招"，目的就是要减轻学生过重的课业负担，减轻家长过重的经济和精神负担。

"双减"政策出台后，学生们一片欢呼，再也不用在各种培训班之间来回奔波了，但家长产生了新的焦虑：孩子学习成绩怎么办？而对学校老师来说，这是一个新挑战、新任务，当然也是新机遇。学生在校时间增加，要求老师提升教学水平，科学合理布置作业，同时开展课外延伸服务，事实上是老师陪伴学生的时间增加了。这部分在校时间怎么安排？如何让学生利用好课外时间？这一切考验着老师们的智慧。而开展各种课外活动正好可以解决这个难题。比如：热爱人文的，可以开展阅读写作、演讲辩论，学习传统文化和民风民俗等社团活动；喜爱数理的，可以组织科普科幻、实验研究、统计测量、天文观测等兴趣小组；也可以开展体育比赛、艺术体验（音乐、美术、书法、戏剧……）和劳动教育等实践活动。当然，所有的活动都应以培养学生的兴趣爱好为目的，以自愿参加为前提。学校开展课后服务，可以多方面拓展资源，比如博物馆、图书馆、科技馆、陈列馆、少年宫、青少年活动中心，甚至校外培训机构的优质服务资源，还可组织征文比赛、志愿服务、社会调查等，助力学生全面发展。

二、课外阅读新机遇

近年来，新课标、新教材、新高考成为语文教育改革的热词。我曾经看到一个视频，说语文在中高考中的地位提高了，难度也加大了。这种说法有一定道理，但并不准确。说它有一定道理，是因为语文能力主要指一个人的阅读和写作能力，而阅读和写作能力又是一个人综合素养的体现。语文能力强，有助于学习别的学科。比如数学、物理中的应用题，如果阅读能力上不去，读不懂题干，便不能准确把握解题要领，也就没法准确答题；英语中的英译汉、汉译英题更是考查学生的语言表达能力；历史题和政治题往往是给一段材料，让学生去分析、判断，得出结论，并表述自己的观点或看法。从这点来说，语文在中高考中的地位提高有一定道理。说它不准确，有两个方面的理由：一是语文学科本来就重要，不是现在才变得重要，之所以产生这种错觉，是因为在应试教育的背景下，语文的重要性被弱化了；二是语文考试的难度并没有增加，增加的只是阅读思维的宽度和广度，考查的是阅读理解、信息筛选、应用写作、语言表达、批判性思维、辩证思维等关键能力。可以说，真正的素质教育必须重视语文，因为语文是工具，是基础。不少家长和教师认为课外阅读浪费学习时间，这主要是教育观念问题。他们之所以有这种想法，无非是认为考试才是最终目的，希望孩子可以把更多时间用在刷题上。他们只看到课标和教材的变化，以为考试还是过去那一套，其实，考试评价已发生深刻变革。目前，考试评价改革与新课标、新教材改革是同向同行的，都是围绕立德树人做文章。中共中央、国务院印发的《深化新时代教育评价改革总体方案》明确指出："稳步推进中高考改革，构建引导学生德智体美劳全面发展的考试内容体系，改变相对固化的试题形式，增强试题开放性，减少死记硬背和'机械刷题'现象。"显然就是要用中高考"指挥棒"引领素质教育。新高考招生录取强调"两依据，一参考"，即以高考成绩和高中学业水平考试成绩为依据，以综合素质评价为参考。这也就是说，高考成绩不再是高校选拔新生的唯一标准，不只看谁考的分数高，而是看谁更有发展潜力、更有创造性，综合素质更高，从而实现由"招分"向"招人"的转变。而这绝不是仅凭一张高考试卷能够区分出来的，"机械刷题"无助于全面发展，必须在课内学习的基础上，辅之以内容广泛的课外阅读，才能全面提高综合素养。

三、"爱阅读"助力成长

这套《爱阅读·课本里的作家》丛书是为中小学生读者量身打造的，符合《义务教育语文课程标准》倡导的"好读书、读好书、读整本的书"的课改理念，可以作为学生课内学习的有益补充。我一向认为，要学好语文，一要读好三本书，二要写好两篇文，三要养成四个好习惯。三本书指"有字之书""无字之书""心灵之书"，两篇文指"规矩文"和"放胆文"，四个好习惯指享受阅读的习惯、善于思考的习惯、乐于表达的习惯和自主学习的习惯。古人说"读万卷书，行万里路"，实际上就是要处理好读书与实践的关系。对于中小学生来说，读书首先是读好"有字之书"。"有字之书"，有课本，有课外自读课本，还有"爱阅读"这样的课外读物。读书时我们不能眉毛胡子一把抓，要区分不同的书，采取不同的读法。一般说来，读法有精读，有略读。精读需要字斟句酌，需要咬文嚼字，但费时费力。当然也不是所有的书都需要精读，可以根据自己的需要决定精读还是略读。新课标提倡中小学生进行整本书阅读，但是学生往往不能耐着性子读完一整本书。新课标提倡的整本书阅读，主要是针对过去的单篇教学来说的，并不是说每本书都要从头读到尾。教材设计的练习项目也是有弹性的、可选择的，不可能有统一的"阅读计划"。我的建议是，整本书阅读应把精读、略读与浏览结合起来，精读重在示范，略读重在博览，浏览略观大意即可，三者相辅相成，不宜偏于一隅。不仅如此，学生还可以把阅读与写作、读书与实践、课内与课外结合起来。整本书阅读重在掌握阅读方法，拓展阅读视野，培养读书兴趣，养成阅读习惯。

再说写好两篇文。学生读得多了，素养提高了，自然有话想说，有自己的观点和看法要发表。发表的形式可以是口头的，也可以是书面的，书面表达就是写作。写好两篇文，一篇规矩文，一篇放胆文。规矩文重打基础，放胆文更见才气。规矩文要求练好写作基本功，包括审题、立意、选材、构思等，同时还要掌握记叙文、议论文、说明文、应用文的基本要领和写作规范。规矩文的写作要在教师的指导下进行。放胆文则鼓励学生放飞自我、大胆想象，各呈创意、各展所长，尤其是展现自己的写作能力、语言表达能力、批判性思维能力和辩证思维能力。放胆文的写作可以多种多样，除了大作文，也可以写小作文。有兴趣的学生还可以进行文学创作，写诗歌、小说、散文、剧本等。

学习语文还要养成四个好习惯。第一，享受阅读的习惯。爱阅读非常重要，每个同学都应该有自己的个性化书单。有的同学喜欢网络小说也没有关系，但需要防止沉迷其中，钻进"死胡同"。这套《爱阅读·课本里的作家》丛书，给中小学生课外阅读提供了大量古今中外的名家名作。第二，善于思考的习惯。在这个大众创业、万众创新的时代，创新人才的标准，已不再是把已有的知识烂熟于心，而是能够独立思考，敢于质疑，能够自己去发现问题、提出问题和解决问题，需要具有探究质疑能力、独立思考能力、批判性思维和辩证思维能力。第三，乐于表达的习惯。表达的乐趣在于说或写的过程，这个过程比说得好、写得完美更重要。写作形式可以不拘一格，比如作文、日记、笔记、随笔、漫画等。第四，自主学习的习惯。我的地盘我做主，我的语文我做主。不是为老师学，也不是为父母长辈学，而是为自己的精神成长学，为自己的未来学。

愿广大中小学生能借助这套《爱阅读·课本里的作家》丛书，真正爱上阅读，插上想象的翅膀，飞向未来的广阔天地！

目录

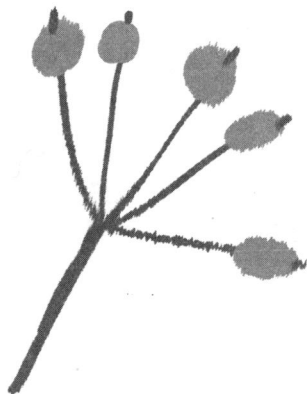

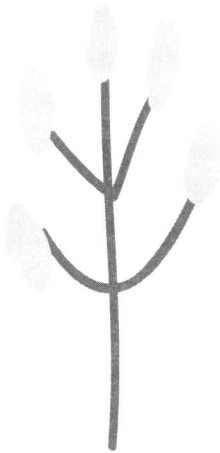

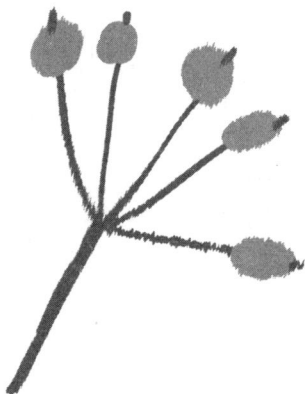

我爱读课文

原文赏读

有的人
——纪念鲁迅有感

体　　裁：诗歌

作　　者：臧克家

创作时间：1949 年

作品出处：部编版语文六年级（上册）

内容简介：《有的人》是当代诗人臧克家为纪念鲁迅逝世十三周年而写的一首抒情诗。

/////////////////// 读前导航 ///////////////////

阅 读 准 备

　　臧克家对诗歌的创作有近80年的历程，可以说一生都在创作诗歌。论艺术生命之持久，创作内容之丰富，作风之严谨，技巧之娴熟，语言之精练，都具大家的风度。曾被朱自清称赞："从臧克家先生开始，才有了有血有肉的以农村为题材的诗。"

　　臧克家作为人民诗人，其创作数量之多、内容之广无人可比。他所代表的那种贴近现实的风格更是谁也不可替代。臧克家以鲜明的民族风格和独特的艺术个性驰誉中外。他的诗大多独具匠心，是博大雄健之作；多以抒情短诗闻名于世。他诗歌的内容主要有集中反映人民的苦难生活、歌颂民族解放战争、揭露黑暗现实三个方面。

目标我知道

学习目标	会写"朽、垮"两个生字 读准多音字"场"
学习重点	能有感情地朗读诗歌
学习难点	借助诗歌和相关资料，感受鲁迅先生的人物形象

////////////////////// 精彩赏读 //////////////////////

课本原文

有的人
——纪念鲁迅有感[1]

有的人活着，
他已经死了[2]；
有的人死了，
他还活着[3]。

【第一部分（第1节）：总领全文。对两种人的生与死进行评价。】

有的人
骑在人民头上："啊，我多伟大！"
有的人
俯下身子给人民当牛马。

（解读：写出两种人的不同言行。）

[1] 说明了写作的内容和原因。

[2] 指肉体活着，但缺少灵魂。

[3] 指肉体死了，但精神永存。

【伟大】品格崇高，才识卓越。

【牛马】比喻为生活所迫供人驱使、从事艰苦劳动的人。

[1] 在句中有讽刺的意味。

【不朽】永不磨灭（多用于抽象事物）。

【情愿】宁愿，宁可。

有的人
把名字刻入石头，想"不朽[1]"；
有的人
情愿作野草，等着地下的火烧。

（解读：写两种人的不同追求。）

有的人
他活着别人就不能活；
有的人
他活着为了多数人更好地活。

（解读：写两种人的不同境界。）

【第二部分（2-4节）：写两种人对待人民群众的不同态度，称赞了给人民当牛做马的精神，痛骂了反动统治者的腐朽与骄横。】

骑在人民头上的
人民把他摔垮；
给人民作牛马的
人民永远记住他！

（解读：写人民对两种人的不同做法。）

把名字刻入石头的
名字比尸首烂得更早；
只要春风吹到的地方
到处是青青的野草。

（解读：写两种人的不同结局。）

他活着别人就不能活的人，

他的下场可以看到；

他活着为了多数人更好地活的人，

群众把他抬举得很高，很高。

（解读：写在群众心目中两种人的不同地位。）

【第三部分（5-7节）：写人民对两种截然不同的人的态度。】

作品赏析

这首诗通篇采用了对比的写作手法，语言明快直接，其中所表达的观点也是一针见血、毫不含糊，使人能够直接领会其中所包含的情感。诗人以高度浓缩概括的诗句，总结了两种人、两种人生选择和两种人生归宿，讴歌了鲁迅先生"俯首甘为孺子牛"的伟大精神，抒发了对那些为人民而活的人们由衷的赞美之情。这首诗之所以历久不衰，给我们以启迪和教育，正是因为诗人将现实世界中两种截然不同的生命方式及其历史结果用对比的形式，艺术地呈现出来。

////////////////////////积累与表达////////////////////////

字词我来记

会写的字

xiǔ 朽	部首	笔画	结构	造字	组词
	木	6	左右	形声	不朽　朽木
	辨字	巧（凑巧　巧手）　　兮（归去来兮）			
字义	1. 腐烂（多指木头）。2. 衰老。				
造句	秋天像是一首歌，谱写了生命的不朽。				

kuǎ 垮	部首	笔画	结构	造字	组词
	土	9	左右	形声	压垮　垮掉
	辨字	夸（夸奖　浮夸）　　跨（跨栏　跨越）			
字义	1. 倒塌，坍下来。2. 崩溃；溃败。				
造句	那个沟渠上的大坝被水冲垮了。				

多音字

场┌chǎng（场合）（场景）
　└cháng（打场）（场屋）

场字歌：广场（chǎng）上人山人海，

　　　　跳舞场（chǎng）面真壮观。

　　　　场（cháng）院满是谷子，

　　　　害怕一场（cháng）秋雨。

近义词

情愿—宁愿　　　　　伟大—崇高　　　　　永远—永恒

反义词

情愿—勉强　　　　　抬举—贬低　　　　　永远—短暂

日积月累

1.有的人活着，他已经死了；有的人死了，他还活着。

2.有的人，他活着是为了多数人更好地活。

读后感想

《有的人》读后感

谈起诗歌，我们不由得会想起李白、杜甫等著名诗人，我们称他们的诗为古诗。我特别喜欢这些有韵律的古诗。但是我们身边还有一种诗——现代诗。我喜欢上现代诗是因为它——臧克家的《有的人》。

这首诗是作者为了纪念鲁迅先生逝去十三周年所作。整首诗结构简洁、题目新颖又独特。更让人耳目一新的是，这首诗是通过对两种不同的人的对比，赞扬了鲁迅先生的战斗精神和奉献精神。

"有人的活着，他已经死了；有的人死了，他还活着。"这句话给我的印象是最深刻的，我品味良久，感受到了活着的意义。像宋朝的奸臣秦桧就是一个"他活着，别人就不能活"的坏家伙。他死后还要遗臭万年。所以他活着就比行尸走肉还不如。鲁迅先生虽然在地下永远长眠，但是活在人民心中；反动派虽然还活着，但是在人民心中早已死亡。鲁迅先生的精神永驻，在人民面前永远那么伟大，鲁迅先生的精神和思想永驻人间。

鲁迅先生"横眉冷对千夫指，俯首甘为孺子牛"。他仇恨腐朽的统治者，心甘情愿做人民的牛马，为人民鞠躬尽瘁，死而后已。所以"人民把他捧得很高，很高"，因为鲁迅先生活着"是为了别人更好地活"，所以，他死了，人民永远纪念他，他永远活在人民的心里，虽死犹生！

读了《有的人》，我不禁想到自己，自己是一个什么样的人？原来，我也只是一个为了自己而活的人，常常用"走自己的路，让别人说去吧！"来掩饰自己的错误。读了这首诗，我才终于明白了生命的真谛，明白了自己要无私，要做对社会有用的人。

精彩语句

1.像宋朝的奸臣秦桧就是一个"他活着，别人就不能活"的坏家伙。他死后还要遗臭万年。所以他活着比行尸走肉还不如。鲁迅先生虽然在地下永远长眠，但是活在人民心中；反动派虽然还活着，但是在人民心中早已死亡。鲁迅先生的精神永驻，在人民面前永远那么伟大，鲁迅先生的精神和思想永驻人间。

对比秦桧和鲁迅的"活"，让读者更能明白"有人的活着，他已经死了；有的人死了，他还活着"的含义。

2.横眉冷对千夫指，俯首甘为孺子牛。

引用鲁迅的诗句，进一步说明鲁迅先生的高尚品德，他永远活在人们心中。

妙笔生花

读过臧克家的《有的人》，你是如何看待鲁迅先生的？动动手中的笔，写一下吧！

_____

_____

_____

_____

_____

知识乐园

一、根据课文内容填空。

1.《有的人》是为了纪念_____而写的，诗的副标题是_____

_____。

2.作者抓住"人生"这一重大课题，用_____与

_____进行鲜明的对比，摆出对两种人生死的评价。

二、找规律，写词语。

生死　优劣　_____

明白　抬举　_____

三、本诗2—4节，围绕着对人民的不同态度，对两种人做了具体形象的对比。通过回忆，请依次概括出各小节分别是从哪个方面进行对比的。

1.第2节：_____

2.第3节：_____

3.第4节：_____

四、阅读下面的小诗，回答问题。

自　嘲

[近代] 鲁迅

运交华盖欲何求？未敢翻身已碰头。

破帽遮颜过闹市，漏船载酒泛中流。

横眉冷对千夫指，俯首甘为孺子牛。

躲进小楼成一统，管他冬夏与春秋。

1.这首诗中和"俯下身子给人民当牛马"表达的意思一样的一句是？

_____

2.你从这首诗中体会到了什么?

_____

_____

作家经典作品

自主阅读

捡煤球的姑娘

一堆垃圾，春风在上面
吹不出美丽的花朵，
淘金似的，小姑娘们
把希望放在指头尖上。

尘雾迷了人的脸，
连心也全是黑色了；
她们的青春不见开花，
暗暗地憔悴了，在黑风里。

1930 年 5 月

难 民

日头坠到鸟巢里，

黄昏还没溶尽归鸦的翅膀，

陌生的道路，无归宿的薄暮，

把这群人度到这座古镇上。

沉重的影子，扎根在大街两旁，

一簇一簇，像秋郊的禾堆一样，

静静地，孤寂地，支撑着一个大的凄凉。

满染征尘的古怪的服装，

告诉了他们的来历，

一张一张兜着阴影的脸皮，

说尽了他们的情况。

螺丝的炊烟牵动着一串亲热的眼光，

在这群人心上抽出了一个不忍的想象：

"这时，黄昏正徘徊在古树梢头，

从无烟火的屋顶慢慢地涨大到无边，

接着，阴森的凄凉吞了可怜的故乡。"

铁力的疲倦，连人和想象一齐推入了朦胧，

但是，更猛烈的饥饿立刻又把他们牵回了异乡。

像一个天神从梦里落到这群人身旁，

一条灰色的影子，手里亮出一支长枪。

一个小声，在他们耳中开出天大的响：

"年头不对，不敢留生人在镇上。"

"唉！人到哪里灾荒到哪里！"

一阵叹息，黄昏更加了苍茫。

一步一步，这群人走下了大街，

走开了这异乡，

小孩子的哭声乱了大人的心肠，

铁门的响声截断了最后一人的脚步，

这时，黑夜爬过了古镇的围墙。

　　　　　　　　　　　　1932 年元旦于古琅琊

老哥哥

"老哥哥,翻些破衣裳干吗?
快把它堆到炕角里去好了。"
"小孩子,不要闹,时候已经不早了!"
(你不见日头快给西山接去了?)
"老哥哥,昨天晚上你不是应许
今天说个更好的故事吗?"
"小孩子,这时你还叫我说什么呢?"
(这时候你叫他从哪儿说起?)
"老哥哥,你这霎对我好,
大了我赚钱养你的老。"
"小孩子,你爸爸小时也曾这样说了。"
(现在赶他走不算错,小时的话哪能当真呢。)
"老哥哥,没听说你有亲人,
你也有一个家吗?"
"小孩子,你这儿不是我的家呀!"
(你问他的家有什么意思?)
"老哥哥,你才到俺家时,
我爸爸不是和我这时一样高?"
"小孩子,你问些这个干什么?"

（过去的还提它干什么？）

"老哥哥，你为什么不和以前一样
好好哄我玩了？"

"小孩子，是谁不和以前一样了？"

（这，你该去问问你的爸爸。）

"老哥哥，傍落日头了，牛饿得叫，
你快去喂它把草。"

"小孩子，你放心，牛不会饿死的呀！"

（能喂牛的人不多得很吗？）

"老哥哥，快些收拾吧，你瞧屋里全黑了，
快些去把大门关好。"

"小孩子，不要催，我就收拾好了。"

（他走了，你再叫别人把大门关好。）

"老哥哥呀，你……你怎么背着东西走了？
我去和我爸爸说。"

"小孩子，不要跑，你爸爸最先知道。"

（叫他走了吧，他已经老得没用了！）

1932 年 3 月

贩鱼郎

鱼在残阳中闪金光，
大家的眼亮在鱼身上，
秤杆在他手底一上一下，
他的脸是一句苦话。

人们提着鱼散了阵，
把他剩给了黄昏，
两只空筐朝他看
像一双失望的眼。

"天大的情面借来的本钱，
末了赚回了不够一半，
早起晚眠那不敢抱怨，
本想在苦碗底捞顿饱饭。"

暗中潮起一阵腥气，
银圆讥笑在他的手里，
双手拾起了空筐，当他想到：
家里挨着饿的希望。

1932 年 4 月于青岛

老 马

总得叫大车装个够，
它横竖不说一句话，
背上的压力往肉里扣，
它把头沉重地垂下！

这刻不知道下刻的命，
它有泪只往心里咽，
眼里飘来一道鞭影，
它抬起头望望前面。

1932 年 4 月

炭 鬼

鬼都望着害怕的黑井筒，
真奇怪，偏偏有人活在里边，
未进去之先，还是亲手用指印
在生死文书上写着情愿。

没有日头和月亮，
昼夜连成了一条线，
活着专为了和炭块对命，
是几时结下了不解的仇怨？

他们的脸是暗夜的天空，
汗珠给它流上条银河，
放射光亮的一双眼睛，
像两个月亮在天空闪烁。

你不要愁这样的日子没法消磨，
他们的生命随时可以打住：
魔鬼在壁峰上点起天火，
地下的神水突然涌出。

他们不曾把死放在心上，
常拿伙伴的惨死说着玩，
他们把死后的抚恤
和妻子的生活连在一起看。

他们也有个快活的时候，
当白干直向喉咙里灌，
一直醉成一朵泥块，
黑花便在梦里开满。

别看现在他们比猪还蠢，
有那一天，心上迸出个突然的勇敢，
捣碎这黑暗的囚牢，
头顶落下一个光天。

1932 年 5 月

当炉女

去年，什么都是他一手担当，
喉咙里，痰呼呼地响，
应和着手里的风箱，
她坐在门槛上守着安详，
小儿在怀里，大儿在腿上，
她眼睛里笑出了感谢的灵光。

今年，是她亲手拉风箱，
白绒绳拖在散乱的发上，
大儿捧住水瓢蹀躞着分忙，
小儿在地上打转，哭得发了狂，
她眼盯住他，手却不停放，
果敢咬住牙根："什么都由我承当！"

1932 年 8 月

拾落叶的姑娘

她不管秋光老得多可怜，
也不管冷风吹得多凄惨，
让破烂的单衣发着抖，
只顾拾着，一片，两片，三片。

不知道凄艳的风光好，
也不知道什么叫悲感，
只忙着把篮子拾满，
家去换妈妈一个笑脸。

1932 年

洋车夫

一片风啸湍激在林梢，
雨从他鼻尖上大起来了，
车上一盏可怜的小灯，
照不破四周的黑影。

他的心是个古怪的谜，
这样的风雨全不在意，
呆着像一只水淋鸡，
夜深了，还等什么呢？

1932 年

渔 翁

一张古老的帆篷，
来去全凭着风，
大的海，一片荒凉，
到处漂泊到处是家。
老练的手
不怕风涛大，
船头在浪头上
冲起朵朵白花。
夕阳里载一船云霞，
静波上把冷梦泊下，
三月里披一身烟雨，
腊月天飘一蓑衣雪花。
一只橹，曳一道水纹，
驶入了深色的黄昏，
在清冷的一弦星光上，
拨出一串寂寞的歌。
听不尽的涛声，
一阵大，一阵小——
饥困的吼叫，冷落的叹息

飘满海夜了。
死沉沉的海上，
亮着一点火，
那就是我的信号，
启示的不是神秘，是凄凉。

1933 年 6 月

小婢女

她才认识了自己，
同时也认识了命运的铁脸，
是用了怎样的一股力量呵，
从十万匹马力贪玩的吸引里，
她严酷地牵回了
不满十个年头的心，
还有那条像株小树的身躯，
也不让它在游戏中滋长；
她紧张起生命的全力，
给白天、黑夜，一刻一刻的时间
深镌上辛苦的殷勤。
她真聪慧，
甚至聪慧得有点可怜了，
点化快乐的一双天真的眼睛，
现在却专用来测人的眉头了，
轻云样飘忽的孩子的笑，
淋漓无常的孩子的眼泪，
都不能从她腮边、眼中，
放情地舒卷与点滴了，

因为她什么都懂透了：
生活的意义，
卖身契上她的名字。
默默老挂在她嘴角上，
不，又将埋怨哪个呢？
上帝造成了人，
该是一种可以感谢的恩德吧？
妈妈的心更是慈悲的，
生了她，于今又活了她。
她自己呢，情愿被咀嚼在
万里外故乡灾荒的大口里。
这小生命将活得很长很长，
好用一颗连记忆上
也寻不到一点快活的心
去测人生最深的悲哀。

                                    1933 年夏

拾花女

慢慢儿西天边黑了残霞，
冥色中万物失掉了自家，
冷风吹浓秋的凄凉，
吹散了一坡拾花^①的姑娘。

双腿上支着一天的疲劳，
背上的花包弓了她的腰，
低着头，无心听脚步的声响，
一条小道在眼前发着白光。

头顶上叫着投林的暮鸦，
路是熟的，它会引人到家，
"小弟弟不会迎在村外？
替妈妈想：小妮子到这也不知道回来！"

1934 年 11 月于临清中学

---

① 拾花——指拾棉花。

卖孩子

给你找了个享福的地方，
好孩子，跟着这位大爷去，
管保你不再饿得叫亲娘，
还可穿上暖和的衣裳。

做事要勤力，要听话，
留心人家呼你的名字，
可不能再娇娇娜娜，
像在娘手里那么地。

夜里不准想娘起来啼哭，
为娘的还有什么可想的？
冷了给你做不上衣服，
饿了没什么给你充饥！

扯扯拉拉的这么绵缠，
看样子好话说不走你！
去！给我赶快收起眼泪，
娘的巴掌是无情的！

1934 年 12 月 1 日

狂风暴雨之夜

夜幕深垂着森严的恐怖，
恶魔放浪着得意的歌舞，
宇宙溺入了凄惨的黑海，
再找不出一丝暖意！

弱者的白骨搭起了罪恶的高峰，
血雨淋漓浸润着痛创的悲情，
人生葬埋在墟墓的骷髅中，
隐隐低咽的鬼声透露着枯杨的悲鸣！

怒吼的狂风摇震着哀号的林木，
暴雨激荡着海涛翻腾，
黑暗放射了临死的返照，
长夜漫漫终会有明！

狂风，吹吧！
吹倒荒凉人生的支柱。
暴雨，打吧！
打破墟墓的幽灵之门。

东方露出了丝丝光明，

那是人类新生的象征，

朋友们，努力吧，

暖和的太阳会普照我们的生之前程。

1929 年

不久有那么一天

不要管现在是怎样，等着看，
不久有那么一天，
宇宙扪一下脸，来一个奇怪的变！
天空耀着一片白光，
黑暗吓得没处躲藏，
人，长上了翅膀，带着梦飞，
赛过白鸽翻着清风，
到处响着浑圆的和平。
丑恶失了形，美丽慌张着
找不到自己的影，
偶然记起前日的人生，
像一个超度了的灵魂，
追忆几度轮回以前的秽形。
不过，现在你只管笑我愚，
就像笑这样一个疯子，
他说："太阳是从西天出，
黄河的水是清的。"
这话于今叫我拿什么证实？

阴天的地上原找不到影子，

但请你注意一件事：

暗夜的长翼底下，

伏着一个光亮的晨曦。

　　　　　　　　　　　　　1931 年冬

变

当我的生命嫩得像花苞，
每样东西都朝着我发笑，
（现在不忍一件一件从头数了。）
那时活着，像流水穿过花间，
拉长了一条希望的白链，
那时只顾赶着好玩，
一颗小心飞在半天，
谁记清枉抛了欢情多少？
还有不值钱的笑。
这确乎不是才滚下了梦缘，
前日的东西怎么全变了脸？
回头看自己年华的光辉，
颜色退到了可怜的惨白，
低头我在黑影中哭着找——
半截的心弦上挂满了心跳，
然而我还有勇气往下看，
我拭干眼泪瞅着你们变。

1932 年 2 月

希　望

自从宇宙带来了缺陷，
人类为了一种想念发狂，
精神上化出了一个影像，
那就是你——美丽的希望。
在沙漠上，疲倦困住了旅客的心，
他们的脚下坠着沉重，
一步一步趋近黄昏，
拖不动自己高大的影。
这时你是一泉清水，
远远地放出一点清响，
这声响才触到焦灼的心上，
他们即刻周身注满了力量！
在暗夜里，你是一星萤火，
拖着点诱惑的光，
在无边的黑影中隐现，
你到底是真实还是虚幻？
原来没有一定的形象，
从人心上你偷了个模样。
现实在你后面，像参星向辰星赶，

当中永远隔一个黑夜，
在晨光中，参瞅白了眼，
望不见辰在天的那边。
你把人类脸前安上个明天，
他们现在苦死了也不抱怨，
你老是发着美丽的大言，
从来不知道什么叫红脸。
人类追着你的背影乞怜，
你从不给他们一次圆满，
他们掩住口老说不厌倦，
你挟着他们的心永远向前。
你也可以骄傲地自夸：
"我的遗迹造成了现世的荣华。"
你再加一句自谦："这算了什么，
前面的一切更叫你惊讶！"
我们情愿痴心听从你，
脸前的丑恶不拿它当回事，
你是一条走不完的天桥，
从昨天度到今天，从今天再度到明朝。

1932 年

烙　印

生怕回头向过去望，
我狡猾地说"人生是个谎"，
痛苦在我心上打个印烙，
刻刻警醒我这是在生活。

我不住地抚摩这印烙，
忽然红光上灼起了毒火，
火花里迸出一串歌声，
件件唱着生命的不幸。

我从不把悲痛向人诉说，
我知道那是一个罪过，
浑沌地活着什么也不觉，
既然是谜，就不该把底点破。

我嚼着苦汁营生，
像一条吃巴豆的虫，
把个心提在半空，
连呼吸都觉得沉重。

1932 年

天　火

你把人生夸得那样美丽，
像才从鲜柯上摘下来的，
在上面驰骋你灵幻的光，
画上一个一个梦想。

这你也可以说是不懂：
浓云把闷气写在天空，
蜻蜓成群飞，带着无聊，
那是一个什么征兆。

一个少女换不到一顿饭吃，
人肉和猪肉一样上了市，
这事实真惊人又新鲜，
你只管掩上眼说没看见。

我知道你什么都谙熟，
为了什么才装作糊涂，
把事实上盖上只手，
你对人说："什么也没有。"

人们有一点守不住安静，
你把他斫头再加个罪名，
这意义谁都看清，
你要从死灰里逼出火星。

不过，到了那时你得去死，
宇宙已经不是你的，
那时火花在平原上灼，
你当惊叹："奇怪的天火！"

1932 年

生　活

这可不是混着好玩，这是生活，
一万支暗箭埋伏在你周边，
伺候你一千回小心里一回的不检点，
灾难是天空的星群，
它的光辉拖着你的命运。
希望是乌云缝里的一缕太阳，
是病人眼中最后的灵光，
然而人终须把它来自慰，
谁肯推自己到绝境的可怜？
过去可喜的一件件
（说不清是真还是幻）
是一道残虹染在西天，
记来全是黑影一片，
惟有这是真实，为了生活的挣扎
留在你心上的沉痛。
它会教你从棘针尖上去认识人生，
从一点声响上抖起你的心，
（哪怕是春风吹着春花）
像一员武士在嘶马声里想起了战争。

那你再不会合上眼对自己说：

"人生是一个无据的梦。"

更不会蒙冤似的不平，

给蚊虫呷一口，便轻口吐出那一大串诅咒。

在人生的剧幕上，你既是被排定的一个角色，

就当拼命地来一个痛快，

叫人们的脸色随着你的悲欢涨落，

就连你自己也要忘了这是做戏。

你既胆敢闯进这人间，

有多大本领，不愁没处施展，

当前的磨难就是你的对手，

运尽气力去和它苦斗，

累得你周身的汗毛都擎着汗珠，

但你须咬紧牙关不敢轻忽；

同时你又怕克服了它，

来一阵失却对手的空虚。

这样，你活着带一点倔强，

尽多苦涩，苦涩中有你独到的真味。

1933 年 4 月

盘

刻着各色的梦，寂灭了，
向你映一下空虚的眼，
像一粒无根的砂石，
挂不住万古的悬岸。

一个跌不死的希望，
不倒翁似的永不怕累，
硬撑住你跌倒，跌倒
又爬起来的双腿。

日子过得没有骗人，
这你自己一定知道，
试试什么压住了心，
这么沉又这么牢靠。

总得抖一股劲朝前走，
像盘一座陡峭的山头，
爬过去就是平原，
心里无妨先存着个喜欢。

1933 年

问

谁肯乘这夜色正浓，冲开冷风，
爬上百尺谯楼撞一声警钟，
擎起一炷火把——
一道信号彻天的通红？

窒塞要爆炸人心的今日，
谁敢破嗓地高喊一声，
举一面火焰的大纛，挺起胸，
做一个敢死的先锋？

谁能用一支如椽大笔，
最毒辣最不容情，
使魔鬼在笔端下啾哭，
另指一条新路给人生？

前偶捡旧箧，得诗一纸，下署1926年秋。彼时，余攻读于济南，
张宗昌势焰正炽，压迫思想，摧残文化，凡新文学书籍，一概禁绝，
余感窒息，乃有此诗。但技巧拙劣，不能成器，兹就原意，改作如斯，
上距初稿，已逾八载，今重读一过，当年窒息之空气仿佛犹在胸中。

1934年1月9日于青岛铁小

壮士心

江庵的夜和着青灯残了，
壮士的梦正灿烂地开花，
枕着一卷兵书一支剑，
灯光开出了一头白发。

突然睁大了眼睛，战鼓在催他，
（深殿里木鱼一声又一声）
跨出门来，星斗恰似当年，
铁衣上响着塞北的朔风。

前面分明是万马奔腾，
他举起剑来嘶喊了一声，
从此不见壮士归来，
门前的江潮夜夜澎湃。

1934 年 1 月 11 日于青岛

自　白

我是平凡，心永远在泥土里开花，
再不去做那些荒唐的梦，
这世纪，魔鬼撕破了真理的面孔，
还给它捏造了无数的诡名，
思想，一条透明的南针，
永不回头，我朝着前进，
像一只大鹏掠过了苍空，
翅膀下透出来一串响声。
百炼的钢条铸成了我的骨头，
那么坚韧，又那么多的锋棱，
不受生活的贿赂去为它低头，
喧豗的大河是我的生命。
你相信风能摇撼铁的树头，
可是你更得相信我这个心！
（血肉可以给刀刃剁成烂泥，
然而骨子永远是我的！）
在这一片撒谎的日子里，
我给人间保留一丝天真，
我是热情，要用一勺沸水

去浇开宇宙的坚冰。
恐怖就让它是六月的淫雨，
我却能估得透它的寿命，
并不胆怯，你看脸前那一列人影，
（无数的心在我的心上跳动）
我将提起喉咙高歌正义，
不做画眉愿做只天鸡。

1934 年 1 月 14 日

夜

夜的黑手摘去了天灯,
天上全不留一颗星星,
顶天立地的一条身影,
充塞得宇宙不透一点明。

脸前听到的,
是死灰的冷静,
(听不到的呐喊响在人心胸)
黑影掩住了血的鲜红,
然而黑影掩不住血腥!

有谁会忧怀着夜的永生?
那他是不明白造化的神明,
你看什么都在咬紧牙根久等,
久等雄鸡喔喔的一声。

1935 年

农家的夏晚

天空像面井口，
开在院子当头，
破蓑衣上坐着大人们，
口中的烟缕舒出心底的劳困。
破蒲扇摇不出风凉，
星像火箭射在人心上，
小孩子仰脸看天空，
一只瘦猫半合着眼睛，
长毛狗躺在一边，
伸长了舌头呼呼地喘，
半空的树顶摆来摆去，
但风却不来扫去他们身上的汗珠，
蚊子嫌这小院子忒寂寥，
在门口的草檐上哼哼地叫。

1931 年 8 月 7 日

故 乡

我怕想起：
你还朦胧在雾縠里，
我偷离开你的身旁，
走远了，再回头，
树梢高挑一缕阳光。

我爱想起：
我来了，红霞在西天驶，
你有意叫晚烟笼着你，
我揭开我的心，
预备接你的欢喜。

我恨想起：
在有月亮的夜里，
眼皮下转着无绪的幽思，
不知几时沁出一点泪，
这时候我最想你。

1932 年 3 月于青岛

歇午工

放下了工作，

什么都放下了，

他们要睡——

睡着了，

铺一面大地，

盖一身太阳，

头枕着一条疏淡的树荫，

这个的手搭上了那个的胸膛。

一根汗毛，

挑一颗轻盈的汗珠，

汗珠里亮着坦荡的舒服。

阳光下，铁色的皮肤上

开一大片白花，

粗暴的鼾声扣着

呼吸的匀和。

沉睡的铁翅盖上了他们的心，

连个轻梦也不许傍近，

等他们静静地

睡过这困人的正晌，

爬起来，抖一下，

涌一身新的力量。

1933 年 6 月

罪恶的黑手

一

在这都市的道旁，
划出一块大的空场，
在这空场的中心，
正在建一座大的教堂。

交横的木架比蛛网还密，
像用骷髅架起的天梯，
一万只手，几千颗心灵，
从白到黑在上面搏动。

这称得起是压倒全市的一件神工，
无妨用想象先给它绘个图形：
"四面高墙隔绝了人间的罪恶，
里边的空气是一片静寞，
一根草，一株树，甚至树上的鸟，
只是生在圣地里也觉得骄傲。

大门顶上竖一面大的十字架，
街上过路的人都走在它底下，
耶稣的圣像高高在千尺之上，
看来是怎样的伟大、慈祥！

他立在上帝与世人之间，
用无声的话传达主的教言：
'奴隶们，什么都应该忍受，
饿死了也要低着头，
谁给你的左腮贴上耳光，
顶好连右腮也给送上，
忍辱原是至高的美德，
连心上也不许存一丝反抗！
人间的是非肉眼哪能看清？
死过之后主自有公平的判定。'

早晨的太阳先掠过这圣像，
从贵人的高楼再落到穷汉的屋上，
黄昏后，这四周严肃得叫人害怕，
神堂的影子像个魔鬼倒在地下。

早晨的钟声像个神咒，
（这钟声不同别处的钟声。）
牵来了一群杂色人等，
男女牧师们走在前面，

黑色的头巾佩着长衫，
微风吹着头巾飘荡，
仿佛罪恶在光天之下飞扬。

后面逐着些漂亮男子，
肥白的脸皮上挂着油丝，
脚步轻趋着，低声交语，
用心做了一脸肃穆。

还有一队女人缀在后边，
脂粉的香气散满了庭院，
一个用长臂挽着别个，
像一个花圈套一个花圈。

阳光像是主的爱，照着这群人，
也照着他们脚下的石阶，
钟声一阵暴雨的急响，
送他们进了神圣的教堂。
中间有的是刚放下了屠刀，
手上还留着血的腥臭；
有的是因为失掉了爱情，
来到这儿求些安宁；
有的在现世享福还嫌不够，
为来世的荣华到此苦修；
有的是宇宙伤了他多情的心，

来对着耶稣慰藉心神；
有的用过来眼看破了人生，
来求心上刹那的真诚；
有的不是来为了求恕，
不过为追逐一个少女。
虽然这些心的颜色全然异样，
然而他们统统跪下了，朝着上方。

牧师登在台上像威权临着这群众，
用灵巧的嘴，
用灵巧的手势，
讲着教义像讲着真理。
他叫人好好管束自己，
不要叫心作了叛逆，
他怕这空说没有力量，
又引了成套惩劝的旧例。

每次饭碗还没触着口，
感谢的歌声先颤在咽喉，
晚上每在上床之前，
先用祈祷来做个检点，
这功课在各人心上刻了板，
他们做来却无限新鲜。"

二

然而这一切，一切未来的繁华，
与脸前这一群工人无干，
他们在一条辛苦的铁鞭下，
只忙着去赶契约上的期限。

有的在几千尺之上投下只黑影，
冒着可怕的一低头的晕眩。
石灰的白雾迷了人形，
泥巴给人涂一身黑点，
铁锤下的火花像彗星向人扫射，
风挟着木屑直往鼻眼里钻。

这里终天奏着狂暴的音乐：
人群的叫喊，轧轧的起重机，
你听，这是多么高亢的歌！
大锯在木桩上奏着提琴，
节奏的铁砧叩着拍子，
这群工人在这极度的狂乐里，
活动着，手应着心，也极度地兴奋。

有的把巧思运入一方石条的花纹，
有的持一块木片仔细地端详，
有的把手底的砖块飞上半空，
有的用罪恶的黑手捏成耶稣慈悲的模样。

这群人从早晨背起太阳，
一天的汗雨泄尽了力量；
平地上，一万幕灯火闪着黄昏，
灯光下喘息着累倒了的心。

他们用土语放浪地调笑，
杂一些低级的诙谐来解疲劳，
各人口中抽一缕长烟，
烟丝中杂着深味的乡谈，
那是家乡场园上用来消夏夜的，
永不嫌俗，一遍两遍，不怕一万遍，
于今在都市中他们也谈起来了，
谈起也想起了各人的家园。
他们一点也不明白为什么要盖这教堂，
却惊叹外洋人真是有钱，
同时也觉得说不出的感激，
有了这建筑他们才有了饭碗。
（虽然不像是为了吃饭才工作，
倒像是为了工作才吃饭。）

这大建筑把这大众从天边拉在一起，
陌生的全变成亲热的兄弟，
白天忙碌紧据在各人的心中，
没有闲暇去做思乡的梦，

黑夜的沉睡如同快活的死，
早晨醒来个奴隶的身子。
是什么造化，谁做的主，
生下他们来为了吃苦？
太阳的烤炙，风雨的浸淋，
铁色的身上生起片片的黑云，
机器的凶狞，铁石的压轧，
谁的体躯是金钢铸成？
家室的累赘，病魔的侵袭，
苦涩中模糊了无色的四季，
一阵头晕，或一点不小心，
坠下半空成一摊肉泥，
这真算不了什么稀奇，
生死文书上勾去个名字；
然而他们什么都不抱怨，
只希望这工程的日期延长到无限。

<h1 style="text-align:center">三</h1>

不过天下的事谁敢保定准？
今日的叛逆也许是昨日的忠心，
谁料定大海上哪霎起风暴？
万年的古井也说不定会涌起波涛！
等这群罪人饿瞎了眼睛，
认不出上帝也认不清真理，
狂烈的叫嚣如同沸水，

像地狱里奔出来一群魔鬼，

用蛮横的手撕碎了万年的积卷，

来一个无理性的反叛！

那时，这教堂会变成他们的食堂或是卧室，

他们创造了它终于为了自己。

那时这儿也有歌声，

不是神秘，不是耶稣的赞颂，

那是一种狂暴的嘻嚷，

太阳落到了罪人的头上。

　　　　　　1933 年 9 月 5 日全夜写强半，6 日完成于青岛

答客问

我才从乡村里来，
这用不到我说一句话，
你只须望一望我的脸，
或向着我的衣襟嗅一下。
我很地道地知道那里的一切，
什么都知道，
像一个孩子知道母亲一样，
他清楚她身上的哪根汗毛长。
你要问什么？
问清明时节纷纷细雨中
长堤上那一行烟柳的蒙蒙？
还是夕阳下，春风里，
女颊映着桃花红？
问炎夏山涧沁出的清凉，
黄昏朦胧中蝙蝠傍着古寺飞翔？
还问什么？
问秋山的秀，
秋风里秋云的舒卷，
无边大野上残照的苍凉？

我知道你要问冬夜里那八遍鸡声，

一个老妪摇着纺车守一盏昏黄的小灯。

你要问这，这我全熟悉，

可是我要告诉你的是另外的一些事。

你听了不要惊惶，也无须叹气，

那显得你是多么无知。

我告诉你，乡村的庄稼人

现在正紧紧腰带挨着春深，

他们并不曾放松自家，

风里雨里把身子埋在坡下，

他们仍然撒种子到大地里，

可是已不似往常撒种也撒下希望，

单就叱牛的声音，

你就可以听出一个无劲的心！

他们工作，不再是唱呕呕地高兴，

解疲劳的烟缕上也冒不出轻松，

这可怪不得他们，一条身子逐着日月转，

到头来，三条肠子空着一条半！

八十老妪口中的故事，

已不是古代的英雄而是他们自己，

她说亲眼见过捻军"造反"，

可是这样的年头真头一回见！

凭着五谷换不出钱来，

不是闹兵就是闹水灾，

太阳一落就来了心惊，

头侧在枕上直听到五更，

饥荒像一阵暴烈的雨点，
打得人心抬不起头来，
头顶的天空一样是发青，
然而乡村却失掉了平静！

1934 年 3 月 22 日于相州

村　夜

太阳刚落，
大人用恐怖的故事
把孩子关进了被窝，
（那个小心正梦想着
外面朦胧的树影
和无边的明月）
再捻小了灯，
强撑住万斤的眼皮，
把心和耳朵连起，
机警地听狗的动静。

1934 年 3 月 22 日于诸城相州

生命的叫喊

高上去又跌下来，
这叫卖的呼声——
一支音标，沉浮着，
在测量这无底的五更。

深闺无眠的心，将把这
做成诗意的幽韵？
不，这是生命的叫喊，
一声一口血，喊碎了这夜心。

1934 年 4 月 5 日于相州

都市的春天

一只风筝缢死在电杆梢，
一个春的幌子在半空招摇，
这里没有一条红，一条绿，
做一道清线记春的来去。

东风在臭水上扬起了波澜，
穷孩子在里边戏弄着春天，
遍体不缀一点布块，
从天上掉下来一身自在。

工人们摔掉了开花的棉袄，
阳光钻入了铁的胸膛，
他们有力地伸一伸双臂，
全体的生机顺着风长。

高楼上的人应该更懒，
一个梦远到天边，
深巷里一声卖花，
一双蝴蝶飞过南园。

1934 年 4 月 28 日

秋

我想，一定有人衔一支烟，
从纸窗缝里望着雨中的庭院，
凄清的雨丝洒下了半空，
人的愁丝和雨丝搅成一团。

也一定有人向傍晚的红云，
念起千里外故乡的云烟，
或者拖一只冷冷的影子，
向大野里去找谢了的童年。

可有人认识眼前的秋天？
它在穷人的脸上是多么鲜艳！
凄清到处流溢着夜哭，
夜，静静地又把哭声咽住！

荒郊上，凉风吹出了白骨一片，
谁会想到：
鸭绿江上的秋色
已度不过山海关！

1934 年 10 月 2 日

运 河

我立脚在这古城的一列废堞上，

打量着绀黄的你这一段腰身，

夕阳这时候来得正好，

用一万只柔手揽住了波心。

在这里我再没法按住惊奇，

古怪的疑问绞得我心痴！

是谁的手辟开了洪蒙，

把日月星辰点亮在长空？

是怎样的一个嬴姓的皇帝，

一口气吹起了万里长城？

天女拔一根金钗，

顺手画成了天河；

端阳的五丝沾了雨水，

会变一条神龙兴波，

这是天上的事，谁也不敢说，

我曾用了天上的耳朵听过。

怪的是，杨广一个泥土的人，

怎样神心一闪，

闪出了

这人间一道天河！

你告诉我，当年四方多少苦力，

给一道命运捆在了一起，

放着镰刀在家里锈住了白光，

无边乱草荒漫了田地，

寒天里妻子没处寄征衣，

一个家分挂在天的两极。

孩提学话只喔哦着妈妈，

人间成了个无父的天地！

天上的乌鹊一年忙一个七夕，

这地上的工程是没头的日子！

晴天里铁锹闪起了电火，

一串殷雷爆响在心窝。

硬铁磨薄了手掌，

磨白了头发，

磨亮了眼睛，

也望不到家。

累死了的，随着土雨填入了长堤，

活着的，夜夜梦见土坑陷落了三尺！

毒恨的眼泪，两地的哀号，

终于兴起了万里波涛。

波涛老是挟着浊黄，

是当年的冤愤至今未消？

两道大堤使你晃不开双肩，

然而星星也没法测你的高深。

像一条吟龙

窜过了两个世界，

头枕着江南四季的芳春，

尾摆着燕地冰天的风云。

听说你载着乾隆下过江南，

一阵小雨造下了不死的流传，

你看背后夕阳的颜色正红，

贴在"沙邱古渡"的歇马亭①。

几只白鱼傍着龙舟打了个挺，

一座龙王庙腾起了半空，

这地方，水势至今打着旋花，

一个铁窗户像一只死眼，

瞪得舟子捧着心怕！

我知道，人间的苏杭，

你驮过红心的天子曾去沉醉，

仿佛八骏驮着古帝王

去西天的瑶池会王母一样。

南国的荔枝带着绿叶，

---

① 乾隆下江南，避雨歇马亭。

一阵轻风吹到了宫掖，

得宠的御女满口香甜，

谁说天涯不就在眼前！

江干的玉女流入了宫廷，

四壁黄墙已非人境，

竭尽了海内所有的珍奇，

装成一个花枝的身子。

你也一定运过连船的天兵四方去远征，

金甲耀得河水发明，

回头来连船虽是减了长度，

然而船面上却添了凯旋的歌声！

我想，如果你也有一张口，

肚子里的话会绷断喉头，

城圈揽住你

又放开你，

一里一外的岁月，

谁能计算清？

长毛大杀水旱十三门，

人头在河里滚，

万人冢上的草色至今还发红①！

一道城垣向三十里外展开，

于今只留些残破给夕阳徘徊，

---

① 长毛之乱，临清城被洗，死尸遍野，丛葬而成万人冢，至今冢边草作红色。

河岸上见不到诗人的遗迹，

有一座荒碑告诉他的故里①。

你的呼吸把一切吹空，

你却健在着做一切的证明。

我眼前河面上桅杆一林，

破帆上带着风雨，带着惊心，

我常见一条绳索

串着岸上的一个人群，

一齐向后蹬开岸崖，

口里挤出了声声欸乃，

一声欸乃落一千滴汗，

船身似乎不愿意动弹，

一个肉肩抵一只篙，像在决负胜，

船载多重生活的分量多重！

黑夜里空中失了星斗，

一点灯火牵着船走，

黄昏的雨，凉宵的风，

风雨也阻不住预定的途程，

来往的风帆这样飘着日夜，

我看见舟子的脸上老拨不开愁容！

运河，你这个一身风霜的老人，

盛衰在你眼底像一阵风，

---

① 河东岸有"谢茂秦故里"石碑。谢茂秦名榛，是明代诗人。

你知道天阴，知道天晴，

天人的豪华，

奴隶的辛苦你更是分明。

在这黄昏侵临的时候，

立在这废碟上，

容我问你一句，

我问你：

明天早晨是哪向的风？

　　　　　　　　　　1935 年 1 月 31 日于山东临清

古城的春天

眼前挂上了昏黄的凤圈，
沙石的冕旒晃得人发眩，
纵然残堞偷来了绿色，
三尺以内望不到春天。

丛丛的荒冢
是朵朵的黄花，
簪在了这古城
霜白的鬓边。

城根下的古槐空透了心，
用一只绿手，招醒了城下的土人，
走出门来望一望钢板的地，
空叹声："一犁春雨一犁金。"

1935 年 3 月 26 日于临清

喇叭的喉咙

——吊鲁迅先生

让我对你免去一些
腐烂的比拟，那太空洞，
你是个"人"，有血有肉，
有一条透亮的思想络住心胸，
你是大勇，你敢用
铁头颅去硬碰人生！

潮流的急湍
漩倒了多少精英，
像流沙被卷上了滩，
活尸里摔死了魂灵；
你是一尊孤岛崛立在中流，
永远清苦地披一身时代的风。

你呐喊，用喇叭的喉咙，
给彷徨的人心吹上奋勇，
你拿笔杆当匕首用：
用它去剥出黑暗的核心，

用它去划清友敌的界线，
用它去剜断黑暗的老根！

死的手在你胸口上压一座泰山，
死的消息怔住了一刻的时间，
一刻过后，才听见了哭声，
暗笑的也有，
笑由他，哭也是无用，
死的是肉体，
你的精神已向大众心底去投生！

1936 年 11 月 4 日灯下

忧　患

应当感谢我们的仇敌。
他可怜你的灵魂快锈成了泥，
用炮火叫醒你，
冲锋号鼓舞你，
把刺刀穿进你的胸，
叫你红血绞着心痛，你死了，
心里含着一个清醒。

应当感谢我们的仇敌。
他看见你的生活太不像样子，
一只手用上力，
推你到忧患里，
好让你自己去求生，
你会心和心紧靠拢，组成力，
促生命再度的向荣。

“九·一八”事变第二年3月

我们是青年

头顶三尺火，仰起脸

一口可以吞下青天，

一双眼锐利地

专在人生的道上探险，

三句话投不着心，

便捏起了拳头，

活力在周身跳动着响，

真恨地上少生了个环！

叫世故磨光了头皮的人们笑吧，

我们全不管，

秋后的枯草

也配来嘲笑春天？

黑暗的云头最先在我们心上抽鞭，

红热的心是一支火箭！

宇宙在当前是错扣了的连环，

我们要解开它，

照着正直的墨线

重新另安！

擎起地球来使它翻个身，
提起黄河来叫它倒转，
相信自己的力量吧，
我们是青年！

1935 年 2 月

中原的胳膊

你可曾看见过
十年的老关东回到家门，
一个神秘的包袱，
打动了无数的人心？

"还乡的关东客下了贼店，"
你也该听过这样的故事，
"他的财贝，
杀了他的身子。"

你也少不了这般的邻人，
乡井对他们失了温馨，
背着债主，躲开人的眼睛，
半夜里"起黑票"全家闯关东。

一辆独轮小车
载着土的人，土的破烂，
袅起来一道尘烟，

吱呦呦旱地里行船。

关东，可不像
什么"西出阳关无故人"，
关东是伸出去的一只胳膊，
它和中原关连着痛痒。

一出了"天下第一关"，
人，顿然大了胆，
半空里降下了
护生的伞。

关东是上帝给中华民族
预备的宝库，
三分劳力，
给你七分酬劳的东西。

夏天的大野是一片绿海，
管许你一眼望不到边际，
你眼里看着心下会发愁，
得多少人才吃完这一季粮食！

秋郊上，
金风像猛虎到处扑人，

你瞧，天地都吓变了色，
生命也仿佛扎不住根！

路径空虚得像失恋的心，
渴望脚步来踏上串声音，
村庄和村庄是不世的仇敌，
一个一个躲得远远的，
里面的人却恰翻了个"个儿"，
见个生客心直喷热气。

冷冬的景色
也真别致，
无情的"烟炮"①
造成个有情的回忆，
人把身子裹在一张皮里，
留两个小洞关照着脸前的咫尺。

万年的森林
展开了绿的沙漠，
要想用脚印穿透这神秘，
你得看青色的叶子片片黄落。
这儿有绿水，也有青山，
山水却不能只当图画看。

———————
① 严冬，雪落不能融，随风乱扬，造成烟幕，人当之，如同利刃。

山峦里啸着生风的虎，

多嘴的狒子学着人声，

有猩猩的群，

有大队的熊，

也有美翎的鸟儿

着人起等名。

成形的"参孩子"

点化作声，

灵芝和起乱草杂生。

这一些，这一些在等候一个福人，

当他到山里去找命运。

江心的木料

练起了战船，

没腿

却能走到天边，

摩天的高楼给浮云做家，

是它撑起了都市的荣华。

绿水不是只会绕白山，

它叫河里闪着黄金，

引来串人点缀河岸，

它叫白沙去磨细人心。

关东的风情我也摸一点，

大姑娘拖一支长的烟袋，
关外的窗户纸是糊在外，
养个孩子倒吊起来。

你还有兴听，我却收了口，
你知道我的心正在悲伤，
悲伤中原一身是血，
生生地被割去了这一条胳膊！

1935 年 10 月 6 日于临清

依旧是春天

——感时

什么也没有过的一样。
一万条太阳的金辐
撑起了一把天蓝伞，
懒又静地
笼上了人间的春天。

什么也没有过的一样。
看春水那份柔情，
柳条撒开了长鞭，
东风留下了燕子的歌，
碧草依旧直绿到塞边。

1936 年 4 月 20 日于临清

从军行

——送琪弟入游击队

今夜，灯光格外亲人，
我们对着它说话，
对着它发呆，
它把我们的影子列成了一排。

为什么你低垂了头，
是在抽回忆的丝？
在咀嚼妈妈的话，
当离家的前夕？

忽然你眉头上叠起了皱纹，
一丝皱纹划一道长恨！
我知道，你在恨敌人的手
撕碎了故乡田园的图画，
你在恨敌人的手
拆散了我们温暖的家。

大时代的弓弦

正等待年轻的臂力，
今夜，有灯火作证，
为祖国你许下了这条身子。

明天，灰色的戎装
会装扮得你更英爽，
你的铁肩头
将压上一枝钢枪。
今后，
不用愁用武无地，
敌人到处，
便是你的战场。

1937 年 12 月 11 日

别长安

长安城，
多少年
你呼唤我，
用一缕缥缈的呼声。

长安城，
你坐镇西北的伟大神灵！
在想象里你古老，
哪知道你和我一样年轻。

天上的黄河
引来右手
做你护身的天堑，
压一座潼关
在风陵渡头，
只须一夫去把守。

陇海路——
你铁的动脉，

从东海注来，
向西北流走。
（像是中原伸出的胳膊，
去和绿西亚亲密地握手。）

挺立在身后
西岳华山，
像一个精灵
听候着你的呼唤。

陕北，
你身旁最神秘的部分，
太阳挂在它的头上，
黑暗在那里扎不住根。

长安城，
相对八天
便向你伸出告别的手，
太匆匆！
没有诗意
去寻太白的醉卧处；
没有幽情
去访贞妇的寒窑，
和挂满了别绪的古坝桥。

黄帝的墓陵

该有参天的松柏，

我没有去参拜，

留一个神圣的影子在心中。

长安城，

你问我匆匆何处去？

我要去从军，到铜山，

因为那里最接近敌人。

1938 年 1 月 2 日

换上了戎装

脱掉长衫，
换上了戎装，
我的生命
另变了一个模样。

穿起同样的戎装，
手握一支枪，
在"一九二七"的大潮流中，
做过猛烈的激荡。

从什么时候起，
我被握在平凡的掌心，
生活的钝刀
锯断了我十个年头的青春。

鱼龙困在涸辙中，
你可以想，
它是怎样渴望
壮阔的涛浪

把它带到
浩瀚的大洋!

我不能再不动,
四面一片时代的呼声!
敌人的炮火
粉碎了我们的河山,
也粉碎了我们身上的铐镣,
叫起了我们那四万万五千万。

我没有拜伦的彩笔,
我没有裴多斐的喉咙,
为了民族解放的战争,
我却有着同样的热情。

我甘愿掷上这条身子,
掷上一切,
去赢最后胜利的
那一份光荣。

1938 年 1 月 16 日

伟大的交响

我永远不能遗忘，
不能遗忘，
当我们的列车
停留在
郑州站东
不远的一个地方。
黄昏已撒下朦胧的黑网，
大地上一片冷的雪光。
哪儿飞来的歌声
碰得我们的耳鼓微响？
那声音叫玻璃窗缝
挤得低弱而渺茫。
我们的男女歌手
听了歌声喉咙便发痒，
我们飞步出了车厢，
两条腿像一双翅膀。
我们把紧铁栏
身子探出老长，

听出了

那是救亡的歌，

清脆，激昂，

公安局门口

一群孩子在唱。

他们的小嘴

叫开了一个个车窗，

歌声

像火把，

燃烧着

每个听众的胸膛。

一列头颅探出了窗外，

一千张大嘴一闭一张。

救亡的洪流

撼摇得地动，

救亡的洪流

激荡得人心痛，

救亡的洪流

温暖了三九的严冬。

你一个电筒，

我一个电筒，

给公安局门前的黑影

穿上了无数光明的窟窿。

我们招手，

我们呼喊，

歌声把孩子们

拖到了我们的跟前。

他们不停地唱，

我们不停地唱，

旁观的老幼

不再彷徨，

过路的人们

也停下步子放开了粗腔。

救亡的情感像沸水，

使大家全都变成了疯狂！

这声音比敌人的炸弹更响，

这声音像爆裂的火山一样，

这救亡的歌声将响彻全国，

挂在每个中国人的嘴上。

谁敢说堂堂的中华会灭亡？

盲目才辨不清前面的明光，

倭奴的寿命不会久长，

请看看脸前这伟大的力量！

我们唱《松花江上》，

多少人想起了自己

已经失去了的

美丽的故乡。

我们唱《大刀进行曲》，

"冲呵，冲呵，"连珠几响，

仿佛敌人的头颅

落在我们脸前的地上!

我们唱《义勇军进行曲》,

我们自己也变成了一员战将。

指挥者的手势

像激流中的双桨,

大家口中的音流

是狂风暴雨的合奏。

我们唱,

大家一个口,

一个心,

一个声响。

我们唱,

悲壮的热泪

冲出了眼眶,

我们唱,

电筒像我们的舌头

舐在每个孩子的脸上。

他们的脸

笼着汗雾,

他们的脸

放射出兴奋的红光。

他们的血

为祖国在澎湃,

从他们的脸上

可以去辨认黄帝的模样。

他们更走近了一步，

近到这样，

我们的手

可以抚到他们的头上。

"我们的爸爸是工人，

我们的学校属豫丰纱厂，

先生，请开好你们的住处，

几时来约我们打鬼子去？"

"打倒日本帝国主义！"

一个孩子鼓粗了脖子狂喊，

"打倒日本帝国主义！"

大家的反响霹雳震天！

列车动了，

拖着一厢救亡的热情，

孩子们逐着车赶，

小手举向天空。

列车的快步

丢下了我们的孩子，

只听见他们的歌声，

追着我们的歌声——

一团火的救亡热情，

追一团火的救亡热情。

1938 年 1 月 22 日于信阳军次

血的春天

东风曳我登上城垣，
阳光把棉的戎装孕满，
死水上亮着一万只金眼，
柳条又给牵来了春天。
春光在逗人——
春光里我却感不到温暖，
我向无际的原野骋目，
到处是烽火，到处是狼烟。
谁有心去看纸鸢比高？
谁有心去看野马奔跑？
伤怀的记忆不让它抬头，
我的心在听候着战神的呼唤！
在北国，
在中原，
敌人脚踏的地方
已经没有了春天！
泰岱锁起了眉峰，
大河板起了黄脸，

一把复仇的火苗
追起东风，
燃烧在原野，
燃烧在黄帝子孙的心间。
在我们的故乡，
往年这日子，
绿草正着意
去绣大地，
柳眼替我们
看守着村庄，
庄稼人都牵着老牛
在田野里忙。
滴一滴汗到泥土里，
大地是我们的母亲！
（五千年的历史便是证人）
饮着她的乳浆，
靠着她的胸膛，
一代一代的子孙，
延续到无疆。
而今，催耕鸟
到处叫喊，
在我们的故乡呵，
已经没有人走向田间。
他们在流亡，
他们在离散，

凌辱与死亡

已和他们结成了侣伴。

铁鸟是春天的燕子，

炮声是二月的雷鸣，

敌人一手

把青春翻做严冬。

我们要用炮火

夺回温暖的春天！

不能叫大地的母体

碎尸万段！

我们的血战

已展开在北国，

在南天，

在长城外，

在长白山前。

一阵阵腥风，

一声声嘶喊，

在战争中

抖颤着一个血的春天！

抗战！抗战！

将敌人的脚跟，

从我们的国土上斩断，

那时候，我们携手踏回故园，

看一看鲜血染红的春花，

看一看门前的青山，

洒一把泪——
是辛酸也是喜欢。
那时候的春风
将多么畅快，
从中原的地面
吹向关东，
吹向塞外，
无半点遮拦。

1938 年 3 月 2 日

武汉，我重见到你

十年流光，
我揭过去
一张空白纸，
满地烽烟，
今天，
我重来见你。
不须登上黄鹤楼
去作人事的沧桑感，
不须对着江上的浮云
叹乌狗的变幻。
我重来，
不是为了好风光：
暮春三月的江南天，
"杂花生树，
莺飞草长。"
在故都，
我亲眼看过卢沟桥的烽火，
一千个险关，
我亲身渡过，

到铜山，到西安，

流亡中

我看过了多少悲剧的扮演。

终于我穿上了戎装，

参加了抗战，

把微力做成一个浪花

去推波助澜。

武汉，

你中华新生的萌芽点，

辛亥革命，

北伐成功，

你的名字

永远是光荣。

这次从前方来，

我怀着一个梦，

你比"一九二七"

一定更健雄，

更伟大，

更兴奋，

更年轻。

然而，再好的梦

也搁不起事实的一击，

我伤心又愤怒，

对着眼前这一堆影子。

密挤的高楼

填满了当年的空地，

柏油漆亮了石子路，

流线型汽车在上面疾驰。

从人们的脸上

我找不出紧张，

熙熙攘攘，

一片太平的景象。

舞场的灯红，

（前线上有战士的血腥！）

夜半的歌声，

（前线上嘶喊着冲锋！）

酒楼茶社里

热烈欢腾，

（多少地方沸腾着救亡的热情！）

逐着声，

逐着色，

逐着享乐的梦，

糜烂在残蚀着有用的生命！

又有多少人

把你的胸膛

暂作了避难的屏障，

烽火闪到跟前，

他们便撇开你

另去寻世外的桃源。

武汉，

抖一抖身子站起来，

抖去一身的腐臭和颓靡，

"一九二七"的壮烈，
你还该清楚地记得。
高举你的大手，
招起广大的人民大众，
放开你的喉咙，
唤起救亡的热情，
大时代的洪流
已荡近了你，
起来，
给祖国再造一个新生！

1938 年 4 月 1 日

兵车向前方开

耕破黑夜，
又驰去白日，
赴敌几千里外，
挟一天风沙，
兵车向前方开。

兵车向前方开。
炮口在笑，
壮士在高歌，
风萧萧，
鬓影在风里飘。

1938 年 4 月 23 日于赴汉口车中

铁的行列

一个铁的行列。
阵容堂堂，
整个的大洪山都在震动，
脚步踏在岗峦的脊背上。

乌青的钢盔，
太阳射上金光，
手榴弹在胸前，
枪在肩头上，
一张脸子
是一个无声的殷雷，
昂首直向前方，
仿佛胜利已经在望。

山头上，
我们的大炮
在咆哮，
（战神的心跳）
山头上，

我们的机枪

在欢笑，

（正义的呼啸）

我们这铁的行列，

我们这神圣的哀军，

挟起磅礴的正气，

带着崇敬的人心，

像卷地的狂飙，

向敌人横扫。

1939 年 12 月于老河口

国旗飘在鸦雀尖

二寸照片
留下了一角大别山，
留下了大别山的顶峰——
挺秀的鸦雀尖。
三个人影簇拥在山巅，
一张地图牵着六只眼，
身边的草木在风前低头，
一面国旗飘起了青天。
树影笼着十个士兵，
深草吞没了半截腿胫，
刺刀冷亮，钢盔乌青，
瞪着一双双决死的眼睛。
这一张平凡的照片，
包藏的故事可不平凡，
追溯这个故事的诞生，
要把时光倒流上两年。
那时候，正在保卫大武汉，
那时候，正血战在大别山，
那时候，这一支常胜的铁军

奉命把守这天险——鸦雀尖。

他们战过台儿庄，

他们战过娘子关，

他们战过琉璃河，

于今又来战大别山。

鸦雀尖镇着商麻公路，

鸦雀尖镇着武汉外围的门户，

正可以做个尺子，用它的高，

去量它在军事上的重要。

这一师：两个旅，三个团，

用机枪，用大炮，

用血肉，用勇敢，

作了它铁的防卫线。

在敌人的炮弹下，

斗大的石头飞上天，

在敌人的炮弹下，

人马纷纷滚下了山岩，

多少兄弟昏倒在地下，

毒气在山上散作云烟。

下了叶家集，

下了商城，

荻洲师团

凭一股锐气要攻下这天险。

一道严峻的命令

下给这一师人，

死，也要守住鸦雀尖！

战况到了紧张的高度，
指挥所从山腰移上了山巅，
这表示了一个决心，
像一张弓把弦拉满。
向着一张地图滴心血，
师长同他的参谋人员，
一会儿他又立起身来，
望远镜中把眼光射远。
电话铃声叫他说话，
一个团长向他求援，
他说阵地已经动摇，
一团弟兄战死了一半。
"士兵死了，排连长上去，
排连长死了，拿营长去填，
看准你的表，两个钟头
我把援兵送到你的跟前。"
没有兵力给他增援，
给他送去的是国旗一面，
另外附了一道命令
那是悲痛的祭文一篇：
"有阵地，有你，
阵地陷落，你要死！
锦绣的国旗一面，
这是军人最光荣的金棺。"
这时候，炮火密得分不开响声，
炮弹落在他左边右边，

惊飞的石子像雨点，

纷纷打在他的身间。

枪弹穿响了头顶的树叶，

敌兵已经冲到了山前，

特务连里十个决死队，

一个命令跑下了山 。

他用完了所有的兵，

而且，把他们放在必死的当中，

头顶上悬起了同样的国旗，

他从容地在听候着电话的铃声。

附记：大别山战役，XX 师奉令扼守鸦雀尖，师长黄樵松氏，预做国旗七面（二旅长、三团长，另外一面是他自己的），在战局危急时，即以国旗分赠，示不成功则成仁之决心。鸦雀尖敌将冲上时，师长令敢死队十人冲下山头后，即于树间将国旗悬起，预备作光荣之牺牲，置诸死地而后生，敌人终不得逞。当时在鸦雀尖留有二寸照片，至今犹存。敢死队十名，生还者七人，该师以"鸦雀尖七勇士"呼之。

1940 年 1 月

冰天跃马

我们十匹大马
在战地上追奔，
铁蹄给白雪
打一串新的花印，
瀚海的松林
朔风卷起洪涛，
割鼻子刺脸，
寒风像钢刀。
冰雪封着流水，
冰雪盖着大地，
冰雪锁住鸟鹊的口，
唯有战斗的血是一股暖流。
驰向前线去呀！
驰向前线去呀！
年轻的人
力壮的马，
带着金翅的炮弹
在人心头上爆炸。
驰过"响水河"，

驰过"邢集",

马蹄驰走——

这年尾的一日。

一片片远山

化入了天碧,

峰头的白雪

做了天际的云朵。

白头的岗岭

和马群赛跑,

撇在身后的山野,

万顷起伏的波涛。

勒马在"查山"的顶峰,

向四周的平原投下了眼睛,

"查山"阵地二十里长,

敌人两次来犯两次受创!

雪泥掩没了烈士的血迹,

冰天里挺一个哨兵的影子,

雪花填饱了坦克车的辙印,

平地上铺满了火车的白轨,

黄昏落上耸高的碉堡,

我们走进了"鲁寨"的战壕,

机枪大炮三面打来,

敌人替我们大放鞭炮。

战士们

严密地警戒着这除夕的夜晚,

把枪口,把炮眼,

对准"出山店"，
对准"长台关"
这里只有战斗，
没有新年，
从枪口炮口里
打出个明天 。

旧历 1940 年元旦于前线

小兵队

左手，
挎着草提篮，
镰刀当枪，
扛在右肩，
看小兵队
从野外开来了，
口里唱着抗日歌，
步子像张口
一开一合。
"立正"！
突然一个口令，
他们向我这陌生客敬礼，
接着一阵哄笑，
解开了绷着的脸子。
"先生，我跟您去当兵！
（我也去，我也去，
你听那纷纷的吵嚷声！）
不要看我身量小，
明年，我就能扛动枪，

明年，我就长得这么高。"
说着，他把手举到头顶，
划一条最高的标准线，
同时，抬起头来，
投射出希望的眼睛。

1942 年

无名的小星

我不幻想
头顶上落下一项月桂冠，
我只希望自己的诗句
像一阵风，吹上大众的心尖。

你知道，
我是一个野孩子来自乡间，
染着季候色彩的大野
就是我生命的摇篮。

为了生活的压榨
我陪同农民叹气，
命运翻身的日子，
我也分得一份喜欢。

他们手下的锄头
使用得那么熟练，
顺手一拖，闪出禾苗，
把一丛绿草放倒在一边。

工人的神斧
也叫我惊奇，
一起一落
迎合着心的标尺。

时代巍峨在我的眼前，
面对着它，我握紧了笔，
我真是一个笨伯，
怕人喊作"灵魂的技师"。

我愿意是一颗无名的小星，
默默地点亮在天空，
把一天浓重的夜色，
一步步引向黎明。
（一盏生命的天灯）

1940 年

《泥土的歌》序句

我用一支淡墨笔
速写乡村，
一笔自然的风景，
一笔农民生活的缩影：
有愁苦，有悲愤，
有希望，也有新生，
我给了它一个活栩栩的生命
连带着我湛深的感情。

1942 年

走

痛苦，
把你从白天，
扔给黑夜；
噩梦，
又把你从黑夜，
扔还给白天。
海水
可以用斗去量，
却没有一支秤
能打得起生活的分量。
泪，
是什么东西！
除了标出自己的软弱，
还有什么意义？
苦，
也不能用口来诉说，
说出口来的苦，
味儿已经变过。
走，

希望的杆子

牵着你的手，

路，漫长又不平，

小心每一个脚步，

四周都是陷阱！

朝山的信心，

自不埋怨路远，

听说过殉道者

为磨难而嗟叹？

走，挺起胸来走，

记住，千万不要回头！

怀着解放众生的心誓，

你走，

这古老的世界已接近了尽头。

1942 年

地狱和天堂

真有个乐园
在天堂?
让别人
驾着梦飞上去吧,
请为我
反手加锁在门上。
我,
在泥土里生长,
愿意
在泥土里埋葬。
如果,有座地狱
在脚下开着口,
我情愿跳下去,
不管它有多深,
因为,我是大地的孩子,
泥土的人。

1942 年

手的巨人

农民——
手的巨人。
我有一支歌
歌唱你的命运。
你的嘴
笨拙得可怜,
说句话
比铸造还难。
你的脸上:
有泥土
有风云,
直泅到生命的海底,
你的心!
谁说生路窄?
你有硬的手掌,
命运是铁,
身子是钢。
你的眼睛
那一双小明镜,
叫每个"高贵"的人
去认识他的原形。

1942 年

海

乡村
是我的海，
我不否认人家说
我对它的偏爱。
我爱那：
红的心，
黑的脸，
连他们身上的疮疤
我也喜欢。
都市的高楼
使我失眠，
在麦秸香里，
在豆秸香里，
在马粪香里，
一席光地
我睡得又稳又甜。
奇怪吗？
我要问：
"世界上的孩子
哪个不爱他的母亲？"

1942 年

反抗的手

上帝
给了享受的人
一张口；
给了奴婢
一个软的膝头；
给了拿破仑
一口剑，
同时，
也给了奴隶们
一双反抗的手。

1942 年

钢铁的灵魂

我不爱
刺眼的霓虹灯，
我爱乡村里
柳梢上挂着的月明；
京剧
打不进我的耳朵，
我迷恋着社戏——
那一团空气
漾溢着神秘，亲切，
生活的真味，
和海样的诗情。
镀了假的油滑脸子
我最厌烦，
真想一把抓下来，
把它掷上天！
我喜欢农民钢铁的脸，
钢铁的话，
钢铁的灵魂，
钢铁的双肩。

1942 年

穷

屋子里
找不到隔宿的粮，
锅，
空着胃，
乱窜的老鼠
饿得发慌；
主人不在家，
门上搭把锁，
门外的西风
赛虎狼。

1942 年

三　代

孩子
在土里洗澡；
爸爸
在土里流汗；
爷爷
在土里葬埋。

1942 年

舍利子

佛的额门口，
有一颗舍利子放光，
我，我也有一颗，
它不在表面上炫耀，
却深深在心坎里藏。
富有四海的国王，
王冠上嵌一口宝石，
真珠绕着它发光，
像星宿护围着月亮；
我也有一块宝石，
我一口说不出它的价值，
国王拿着王冠来换，
我说，不行，这对我太不合算。
我从来不信奉什么宗教，
可是我是一个信徒，
"为它生，为它死"。
我可以这样对你发誓，
我信奉的东西只一个字，
它的名字就叫作"诗"。

有了它的照耀，
宇宙才不是一座囚牢。
有了它的润霜，
人生的场子才不是一片荒寒。
它把歌声送了流水，
它把颜色借给花红。
不是凭了它的歌颂，
生命的意义不曾这么鲜明。
像音乐恣意地向卑污的灵魂
揶揄，
诗，它也不容情的讽刺着
庸俗，丑恶和自私的心，
这一些也非笑着它，
因为它们有眼却只认识黄金。
我用热情，苦痛，幻想
盖起一座庙堂，
庙堂里供奉着我
诗的神像，
失眠的眼光，
是我长夜里绕着的两炷香，
叹息散成烟云，
眼泪做了椒浆，
我甘心把灵肉做一份牺牲，
把自己的红血"歃"这座庙堂。

1943 年 2 月

月

信
贴在身边,
家,
比梦更远。
雪笺
一身摺叠伤,
写在上面的字
却越磨越光亮。
心,
一夜一泛潮,
相思的小船,
把睡眠载跑。
今夜的月亮
真圆,
古城头上
我一个人在看,
冷的风,
冷的光,
冷的心,

这轮月
也挂在故乡的天上？
那，
它照着的应该是
破碎的房子，
破碎的心，
一条一条的泪痕……

1943 年

爱的熏香

设若我死了，
设若我死前还有一点时间，
我一定写下一句最后的请求，
仅仅是一句，留给我的亲人去看。
什么也不说，把双眼一关，
死去了，曾经生活过，
没有感谢，也没有抱怨。
生活了一辈子，
希望抖战着手乞求的，
没有一件被痛痛快快地给，
这最后的请求，仅仅是一句，
你们，我的亲人，可不能再叫它缩回只空手。
可不能再叫它缩回空手，
仅仅是一句，这最后的请求：
不管路多远，山多高，水多深，
"一定要把我葬埋在故乡！"
贴近我故乡有一道西沟，
西沟崖上有一块小小的坟场，
我年轻的父亲就埋在这儿，

左右的坟里都是贫穷的乡里。

（他的乳母，带着白发和慈悲，
偎依在他身边，永远把他当一个孩子。）

这块可怜的茔地，

像一个可怜的穷村，

小小的土坟，荒草蔓延，

他们的死后，就像他们的生前。

没有石碑，没有别的标记，

连一条小径也不留，

四周都是枯瘠的田地。

就在这些穷人的身旁，

匀给我一小块安身的地方，

我们彼此挨近，像生前，

挤着点儿大家都温暖。

我们从来没有野心，

不论死后还是生前，

贫困，受苦，良善，

一个十分卑微的好人。

右手的阡崖做坟墓的枕头，

几株马尾松又瘦又硬，

它一年四季恋着清风，

一听到脚踪它就动了激情。

也常有不知名的鸟儿，

来枝头上唱歌，

唱完了，又飞走，

好给人心上保留着寂寞。

春天，野花开在我们头上，
隔着土地也闻到了芳香，
草绿了，绿得像那个人的眼睛，
细雨潮润了我们的床。
听到了叱牛，也听到了犁头破土，
犁头破坏了我们的房屋，
可是我们并不生气，
还情愿为着穷人缩一缩身子。
暴雨把西沟灌一个饱，
像一个粗暴的人日夜吼叫，
这声音叫醒了我的记忆，
我又变成了个快乐的孩子。
睁开眼什么也望不到——
除了矮的谷子，高的高粱；
耳朵也听不到别的声音，
只听到农人的歌唱，蟋蟀的歌唱，
只听到一片生机在大地上响。
秋天，白云贴着天飞，
淡，淡得像烟，
眯缝着眼看，像孩子时代，
好好地看看天，看看云彩的变换，
在生前，生活得太匆忙，
没有闲情，也没有时间。
树叶凋零了，隔一片疏林，
望过去，望得很远，
隐藏在林子身后的"西河"，

在金色的阳光下一闪一闪。

那不是"焦家庄"吗？跨在河岸上，

住在这村庄里的人民，

没有一家不穷困，

没有一个不可怜，

虽然它给我童年的心上，

种满了快乐，

可是，它最怕回味，嚼咀！

大地在冬天盖一床白雪的厚被，

把头一蒙，我入了永不天亮的冬眠。

我太爱这乡土，太爱这块土地上的人民，

这爱是那么浓烈，那么醇厚，

它的熏香使我不朽！

1944 年 11 月 20 日

邻 居

——给墙上燕

欢迎，你，
来我这堂屋里安家，
在这苦难的岁月里，
我们一样是作客在天涯。

听说，你顶会选择人家，
我高兴你来和我做近邻，
这座房子，可以避风雨，
我们都有一颗无害于人的心。

我给你在东墙上钉了一个竹窝，
一早，我忙着给你去开门，
晚上，我留着门等候你，
像等候一个迟归的亲人。

为什么，飞来飞去
总是孤孤单单的一个？
我怕看见你的影子，

也怕听到你的歌。

暴风雨快要来的时候，
我手把住门站在屋檐下，
东边望了西边望，
觉得心焦又觉得害怕！

今天，你说我有多么快乐！
当我看见你不再是一个；
我的心永远不能安宁，
如果有一个人不能幸福地生活。

　　　　　　　　1946年春于渝歌乐山大天池

星 星

我爱听
人家把星
叫作星星。

夜空是另一个世界，
星星是它的子民，
谁也不排挤谁，
彼此密密地挨近。

它们是那么渺小，
渺小得没有名字，
它们用自己的光圈，
告诉自己的存在。

仰起脸来，
向着那白茫茫的银河，
一，二，三，你数，
呵，它们是那么多，那么多……

1946 年 8 月 4 日午于沪

春 鸟

当我带着梦里的心跳，
睁大发狂的眼睛；
把黎明叫到了我的窗纸上——
你真理一样的歌声。
我吐一口长气，
拊一下心胸，
从床上的噩梦
走进了地上的噩梦。
歌声，
像煞黑天上的星星，
越听越灿烂，
像若干只女神的手，
一齐按着生命的键。
美妙的音流
从绿树的云间，
从蓝天的海上，
汇成了活泼自由的一潭。
是应该放开嗓子
歌唱自己的季节。
歌声的警钟，
把宇宙

从冬眠的床上叫醒，

寒冷被踏死了，

到处是东风的脚踪。

你的口

歌向青山，

青山添了媚眼；

你的口

歌向流水，

流水野孩子一般；

你的口

歌向草木，

草木开出了青春的花朵；

你的口

歌向大地，

大地的身子应声酥软；

蛰虫听到了你的歌声，

揭开土被

到太阳底下去爬行；

人类听到了你的歌声，

活力冲涌得仿佛新生……

而我，有着同样早醒的一颗诗心，

也是同样的不惯寒冷，

我也有一串生命的歌，

我想唱，像你一样，

但是，我的喉头上锁着链子，

我的嗓子在痛苦地发痒。

1942年5月20日晨万鸟声中写于河南叶县寺庄

崎岖的道路

通过了
八百里起伏的荒山，
通过了
七月的火扇
扇起的火焰，
把破碎的身子
移向战时首都，
我曾经在前线屹立了五年。
当汽车慢慢地
把楼台的影子
送给我，
我已经把不稳
心的舵，
硬把眼皮关紧，
为了不叫泪水冲落。
脚，
踏上岸，
梦同现实
碰面！

流线型的汽车群，

斗着时髦与速度，

载满了波浪头发的女人

掠过我，威风地叫着，

远了，

我以发烧的酸腿，

追在它后边。

（吃它的黑烟）

两个人

掮着一个人

擦过我的肩膀，

抖一下神，

抢上几步，

我骄傲我还有一双腿。

我的草绿色的粗布军装，

污染着长征途上的汗和土，

它的颜色

同这都市的颜色

彼此嘲讽着。

路上的行人们，

你们以你们的衣服骄傲我，

你们以你们的脸色骄傲我，

你们投给我太多的眼光；

但是，你知道，

我是新从前线来的，

敌人的机关枪

也不曾使我战慄!

我,像一个叫花子

误失闯入了天国,

在繁华得叫人昏眩的大街上,

我移动着发烧的身子,

什么对我都是陌生,

这里的道路是这样的崎岖呵!

1942 年 8 月

霹雳颂

人生，枯朽得像古坟里
千年的棺材板，
空气把窒息病菌
带给每一叶肺尖，
土地裂开口，狗子伸着舌头，
树叶褪去了生命的绿色，
人，苦焦的心这就要自燃！
沉默着——
一个伟大的沉默，像火山；
希望着，痛苦的希望，
全个儿宇宙的心
向着高处攀，
这沉默，这希望，
是这样神圣更庄严！

天，他包涵一切的心胸
被触动。
黑云像被囚禁的虬龙
窜出了深邃的穴洞，

脊背上驮起东海，

尾巴上卷着风暴，

摇头摆尾地啸叫着

飞上天空，

从东海崂，从五岳，从喜马拉雅的高峰。

如是，天，把一点颜色

给人看，蜻蜓成群翱翔到高空，

去采访天上的消息，想把一点象征，

一个预言，指点给人间。

人，连上动物，植物，

就是石头也跟着变，

变得像一个信心跪倒在上帝脸前，

等待着，不敢说一句话，

把呼吸也压缩得很谨严。

来了——

风来打前站。

它替惊人的奇迹发出个信号，

它把一个消息到处预言，

它的铁手试验着每一个生命，

看看它们到底经不经得起疯狂的摇撼。

来了——

来的是闪电，

它把人的心窝揭开，

叫蛰伏在老底的东西

一个个把原形现出来；

它在黑暗的僵尸上，

砍，砍，砍一万剑，

它的手臂永远也不酸；

天空被它辟开一条一条缝，

跟着掉下来了——

轰隆，轰隆，轰隆，

向着这古老人间的堡垒

光明的巨手

投下了千万吨炸弹！

霹雳碰着高山，

它每条神经都吓得抖战；

霹雳掷下深谷，

千尺深埋的小虫

也惊破了胆；

霹雳滚过屋瓦，

瓦片颤动得发响；

霹雳响到心窝，

把良心的颜色擦得晶亮。

它震怒，它破坏，它扫荡，

它向沉睡的生命叫喊，

它是一句话，一个神的力量！

它是临盆阵痛的大叫，

它是光明使者的车轮碾过天空，

它用尽不可当的伟力，

向人间痛苦的妊娠催生。

听，雨脚插下来了，

像千万匹马，像战阵上叮当的刀兵，

在地上，在半空，

进行着一场激烈的斗争，

胜利归了光明，

你看，豪雨给人间洗刷出个多么光亮的天空。

1943 年 8 月 31 日于歌乐山中

擂鼓的诗人

——呈一多先生

呵，你擂鼓的诗人。
站在思想的前线上，
站在最紧要的关口上，
你擂鼓。
咚咚的，是鼓的声音，
是心的声音，是战斗的声音，
越过山，越过海，
去扣每一扇心门，
麻痹的，活动了，
累倒的，振奋了，
险恶的，战栗了，
失掉的，开始寻找他自己的心。

呵，你擂鼓的诗人。
从沉埋了三十年的经典中，
从幽暗的斗室里，
带着苦心培养的文化"血清"
你走出来——

当别人，
为了一个目的
从几千年的枯坟里
拖出了"死人"，
把他们脸上贴满泥金；
当别人，
为了一个目的
把万年的烂谷糠
拿来喂二十世纪四十年代
中华民族的灵魂。

呵，你擂鼓的诗人。
经过了曲折的路径，
经过了摸索挣扎的苦痛，
你走向了人民。
把大地做块幕布，
（你是那么挚爱它！）
挂起一幅理想的远景，
你倔强地，精神抖擞地
走向它，
一步比一步接近了群众，
你的人，也一步比一步高大。
我看见
你庄严的神情；
我听见
你心血的冲涌；

最后，我看见你的头
在幕布上有斗大，
一尺长的胡须
在眼睛的星光中
飘动。
最后，像从火山口里
听到爆炸的地心，
从你大张的口里
我听见了，"呵，祖国；呵，人民！"

　　　　　　1944 年 8 月 24 日早于渝歌乐山中

星点（组诗）（节选）

一

"伟大！伟大！"
说顺了嘴
再也不觉得肉麻，
"伟大！伟大！"
听惯了，
仿佛它就是你自家，
伟大？什么！
不过是把人性
调换了一副铁甲。

二

神秘，残忍，吹捧，
这三合土，
在常人心坎上
塑成功"英雄"。

三

你觉得，
自己崇高得不得了，
请站在喜马拉雅山脚下
向上一抬头，
请站在大洋的边岸上
向远处一放眼，
请站在群众的队伍里去
比一比高。

四

我爱一棵小草，
我爱一颗小星，
我爱孩子的眼，
我爱一缕炊烟
缠起微风。

五

苦难是滋养人的，
把诅咒吞下去，
让它化成力！
不要想象着自己的孤独，悲愤，
在茫茫的人海里，
心在寻找着心。

六

你会觉得心的太阳
到处向你照耀，
当你以自己的心
去温暖别人。

1945 年 3 月

毛泽东，你是一颗大星

毛泽东，你是一颗大星，
不亮在天上，亮在人民的心中，
你把光明、温暖和希望
带给我们，不，最重要的是斗争！
你举着大旗，一面磁石，
从东南向西北，激流一样地冲击，
冲过千重山，万重水，
冲决了一道又一道围困的大堤，
这二万五千里的大工程，
有什么可以比拟！有什么可以比拟！
有些吃反动宣传饭的家伙，
在你脸上描红胡子，乱涂水粉；
有的人也太过分，
把你的事业当神话来过瘾。
我们朴实的人民不这么想，
我们认定你是一个
顶精干的人，顶能战斗的人，
把生命，希望，全个儿交付给你，

我们可以毫不担心!

你领导的成功,并不是什么奇迹,

抓住人民的要求,你就慷慨地"给";

你的大业如果有点什么神秘,

那就是革命,革得真,革得彻底!

你使陕北的一片荒山,

生长出丰足的五谷杂粮,

你使千万穷苦的人民,

有田种,有饭吃,还有文化的滋养,

疾病袭来了,

有药石代替巫卜的仙方。

在你荫庇下的人民

重新活了,像春风里的枝条,

眼里不再淌酸辛的泪水,

恐怖,恼恨,也从心里拔去了根,

屋檐挨着屋檐,邻人们互相亲近,

血脉,感情,心灵,活泼泼地,

像流水,彼此灌注,交流,

淙淙地流出了生之欢快的声音!

在延河两岸,在解放了的土地上,

人民,有心情也有权利唱自己心爱的歌;

诗人,小说家,随着自己的心愿写自己心爱的

诗句和小说;

工人不再愁没工做,而且只管做工,

就不必再愁别的什么;

士兵在打仗，这还不算，

他们明白打仗的全部意义，

他们才打得那么勇敢，

八个年头，解放了半个中国，

解放了的人民，少说一点，也有一万万多。

这些土地上的人民，活着才真是活着，

活着，才像活在自己的祖国里，自己的大家庭里，

他们生命的天空上，

天，已经放亮。

延安是一块新的土地，

延安是一个光明的海洋，

新的土地上产生新的人类，

延安，多少人念着这个名字，

心，向着它打开了天窗。

毛泽东，你是全延安，全中国，

最高的一个人，

你离开我们千万里，

你又像在眼前这么近……

为了打倒共同的敌人，

你主张团结，抗战胜利了，

你还是坚持团结，

因为你知道，今天人民要求的不是内战，

是和平，是民主，是建设。

用自己的胸膛

装着人民的心，

你亲自降临到这战时的都城，
做了一个伟大的象征。
从你的声音里，
我们听出了一个新中国，
从你的目光里，
我们看到了一道大光明。

1945 年 9 月初

人民是什么

人民是什么？
人民是面旗子吗？
用到，把它高举着，
用不到了，便把它卷起来。

人民是什么？
人民是一顶破毡帽吗？
需要了，把它顶在头顶上，
不需要的时候，又把它踏在脚底下。

人民是什么？
人民是木偶吗？
你挑着它，牵着它，
叫它动它才动，叫它说话它才说话。

人民是什么？
人民是一个抽象的名词吗？
拿它做装潢"宣言""文告"的字眼，
拿它做攻击敌人的矛和维护自己的盾牌。

人民是什么？人民是什么？
这用不到我来告诉，
他们自己在用行动
做着回答。

1945年冬于重庆

竖立了起来

竖立起来的不是铜像
而是普希金他本人
一百一十年前的沙皇，
他的骨头
已经腐烂在
他统治过的那块土地上；
他的声名
也在一天一天地黯淡，
像一颗大星
没落在历史的黎明。
然而，当年他却是那么威风，
把宇宙挂在一个小拇指上
叫它旋转，
举起一只巴掌来，
可以遮盖整个的天空！

一百一十年后的普希金，
生命开始展开，
把精神凝铸成铜像，
以世界作基地，一个又一个地竖立了起来。

你高高地站立着，
给人类的良心立一个标准，
你随着时间上升，
直升到日月一般高，
也和日月一般光明。

你站在那儿
向苦难的人群招手，
把温暖大量地抛给；
你站在那儿，
向斗争的行列指示，
给他们以全力的支持！
你站在那儿，
像一个讽刺，
唾向那一张一张的面孔，
那些面孔就是阴险、残忍、庸俗和自私。

小孩子们
在你脚下的草地上玩耍，
仰起脸来望望你，
呼一声"普希金伯伯"；
你笑着，要走下来，
摸摸他们的头，
加入进他们的队伍一道去嬉戏。

走过你身旁的人们，

忽然停住了步子；

你，默默地在想什么？

想给他们朗诵一篇自己的诗？

你庄严而又和蔼地

站在那儿，

仿佛可以听到你心的跳动，

和透露出喜怒哀乐的呼吸。

我，一个中国的寒伧诗人，

你生前遭受过的，

在我也全不稀奇，

剪刀和牢狱向我张着大口，

诽笑、穷困永远跟在我后头，

我爱祖国的人民和土地

和你爱的一样深，

可是，这也是一样的呀，

这种爱在眼前的中国，

是犯法，而且有罪的！

一百一十年的时间

校正了一点：

当年，在俄罗斯，是诗人领导着人民向前走，

在中国，今天，人民却走在了诗人的头前。

1946 年 12 月 20 日

你 们

你们宣传说，我不再写诗了，
对不起，我给你们一个大大的失望，
我被你们的话鼓励了，
我的诗兴猛烈得像火！

如果诗就等于风花雪月，
不劳你们提示，我早就搁笔了；
如果诗就是无病呻吟，
连我自己早就感到羞愧了。
我不是没有事做，
才伏到桌子上，皱着眉头，
去制造一点诗意和没有源头的感伤；
不是因为我有太多的时间，
才像一个工匠琢磨一块玲珑的宝石，
为了好玩，我琢磨着一些冷冰冰的诗句。

不是的，不是的，不是的呀！
我有太多的悲愤要把胸膛爆炸开呵，
我有太多的感情要冲涌而出呵，

我的心被火燃烧着——
那羞耻的火，
那困恼的火，
那生之苦难的火呀！

我要活着，
我要有饭吃，有衣服穿，
有屋子住，有自由的空气呼吸，
我也要我的家人，
我也要每一个人都能活，
都能活得像个活的样子呀！
但是，我得不到我所要求的，
千千万万的人得不到他们所要求的——
那么低微的起码的要求！
因为我们太老实，太善良可欺，
因为我们的心始终是红色的，
这就成为我们受苦的理由，
这就成为我们"不顺眼"的理由，
可怕的人反把我们看作是可怕的了。

我们的良心
比你们金钱的声音
更响亮，
我们亵衣上的污秽，
也比你们的"道德"高尚，
我们的穷，是堂堂正正的穷，

而你们，呸，只有一个大肚皮，
天知道那里面装着些什么东西！

我要写诗，
因为我要活下去，
而且，越活越起劲！
我明白，在我们消极的时候
你们才积极起来！
我要用我的诗句鞭打你们，
就是你们死了，我也要鞭打你们的尸身！
我要把我的诗句当刀子
去剖开你们的胸膛；
我要用我的诗句
去叫醒，去串联起
一颗一颗的心，
叫我们的人都起来，都起来，
站在一条线上，
向你们复仇！复仇！

我的心这样沉重，
我以我的诗句呼吸；
我的心这样憎恨，
我以我的诗句宣泄；
我的心这样悲痛，
我以我的诗句哭泣；
我的心这样高兴，

我以我的诗句欢呼。

你们使我这样激动，
你们使我更积极，更勇敢，
你们使我的诗句增加了力量，
呵，你们呀，你们呀，你们呀！

1946 年 12 月 28 日灯下于沪

生命的零度

前日一天风雪，
昨夜八百童尸。八百多个活生生的生命，
在报纸的"本市新闻"上
占了小小的一角篇幅。
没有姓名，
没有年龄，
没有籍贯，
连冻死的样子和地点
也没有一句描写和说明。
这样的社会新闻，
在人的眼睛下一滑
就过去了，
顶多赚得几声叹息；
人们喜欢鉴赏的是：
少女被强奸，人头蜘蛛，双头怪婴，
强盗杀人或被杀的消息。

你们的死
和你们的生一样是无声无臭的。

你们这些"人"的嫩芽，
等不到春天，
饥饿和寒冷
便把生机一下子杀死。

你们是从哪里来的？
是从那响着内战炮火的战场上？
是从那不生产的乡村的土地里？
你们是随着父母一道来的吗？
抱着死里求生的一个希望，
投进了这个"东亚第一大都市"。

你们迷失在洋楼的迷魂阵里，
你们在珍馐的香气里流着口水，
嘈杂的音响淹没了你们的哀号，
这里的良心都是生锈了的。

你们的脏样子，
叫大人贵妇们望见就躲开，
你们抖颤的身子和声音
讨来的白眼和叱骂比悯怜更多；
大上海是广大的，
温暖的，
明亮的，
富有的，
而你们呢，

却被饥饿和寒冷袭击着，
败退到黑暗的角落里，
空着肚皮，响着牙齿……
一夜西北风
扬起大雪，
你们的身子
像一支一支的温度表，
一点一点地下降，
终于降到了生命的零度！

你们死了，
八百多个人像约好了的一样，
抱着同样的绝望，
一齐死在一个夜里！
我知道，你们是不愿意死的，
你们也尝试着抵抗，
但从一片苍白的想象里
抓不到一个希望
做武器，
一条条赤裸裸的身子，
一颗颗赤裸裸的心，
很快地便被人间的寒冷
击倒了。

你们原是
活一时算一时的，

你们死在哪里

就算哪里；

我恨那些"慈善家"，

在死后，到处捡收你们的尸体。

让你们的身子

在那三尺土地上

永远地停留着吧！

叫发明暖气的科学家们

走过的时候

看一下；

拦住大亨们的小包车，

让他们吐两口唾沫；

让摩登小姐们踏上去

大叫一声；

让这些尸首流血，溃烂，

把臭气掺和到

大上海的呼吸里去。

1947 年 2 月 6 日于沪

表 现

——有感于台湾事变

五十年的黑夜，
一旦明了天，
五十年的屈辱，
一颗热泪把它洗干，
祖国，你成了一伸手
就可以触到的母体，
不再是，只许藏在深心里的
一点温暖。

五百天，
五百天的日子
还没有过完，
祖国，祖国呀，
你强迫我们
把对你的爱，
换上武器和红血
来表现！

1947 年 3 月 8 日于沪

冬　天

冬天，

应着气象台上

冰冷的号召，

从二十年的记录里

突破出来，

刚一露头，

人们就从

磨响的牙齿缝里

透出了一声

感召的"啊！"

天地

于是惨然色变。

云，

冻结在覆压下来的

展不开颜色的低空上，

冰，

结冻在像是因为笑

而实际是因为哭泣而裂开的大地上，

威风凛凛的北风，

张牙舞爪地
到处搜索着温暖,
太阳,
这位最受欢迎的客人,
也有气无力地放不长它的光线。

寒冷呀,寒冷呀,寒冷呀,
寒冷
把水银柱里的水银
压缩到零下三十度。
从东海岸
到极西的边陲,
从塞外
到没有见过雪花的南方——
整个古老的中国的土地,
土地上所有的人民,
一齐冻结在冰冷之中了;
只有物价,
只有钞票上的数目字,
全不顾自然的规律,
一刻一刻地
在膨胀……
往年这时节,
北方的水瓮,
都穿上了草叶的暖衣,
而眼前,

遍地是赤条条的难民，
今天，在异乡的街头上
用异乡的口音叫喊，
明早，在异乡的义地里
做一个永久的居民。
（寒冷杀人不见一滴血，
也不负什么"罪犯"的责任。）
人民，
一个个空着肚皮；
而枪炮的胃口
却是那么壮；
汽车在公路上飞驰几百里，
看不到
一缕炊烟，
一个人，
一只瘦狗的出现，
惹出一阵迸裂的欢呼！
老农依着它曝日的
场围上的那个干草垛，
冬天炕头上
孩子们偎着的那个热被窝，
一盏灯，
一盆火，
一个冬天家庭的团聚，
全都成了奢望，
全都成了回忆！

冬天的鸟儿们

还有一个温暖的巢，

而人呢，而人呢，

被饥寒追迫着，

找不到一个躲藏的窝。

皮肉，

在冰冷之下

瑟缩着，

而心，

瑟缩得更厉害，

昨天，今天，连上明天的生计

也一起被冻结！

呵！是这样的一个冬天！

从多久以来，

我们就一直活在冬天里——

春天的冬天，

夏天的冬天，

秋天的冬天，

而今，是冬天的冬天。

我们的嘴巴

被冰封着，

我们的热血，希望，苦痛和呼号

也全都被封在肚子里，

寒冷呀，寒冷呀，寒冷呀，

寒冷，又岂止是气候上的！

呵！是这样的一个冬天！

这样破碎，

这样颓败，

这样凋零！

寒冷呀，寒冷呀，寒冷呀，

这该是最后的一个严冬。

1947 年 12 月 23 日于沪

海滨杂诗（组诗）(节选)

海

从碧澄澄的天空，
看到了你的颜色；
从一阵阵清风，
嗅到了你的气息；
摸着潮润的衣角，
触到了你的体温；
深夜醒来，
耳边传来了你有力的呼吸。

会 合

晚潮从海上来了，
明月从天上来了，
人从红楼上来了。

送 宝

大海天天送宝，
沙滩上踏满了脚印，

手里玩弄着贝壳，

脸上带着笑容，

在这里不分大人孩子，

个个都是大自然的儿童。

大海的使者

清风，大海的使者——

从海面上吹来，

从高楼的红瓦棱里吹来，

从海涛似的绿树间吹来。

你替旅人拂去一身尘土，

从他们心里把闷热拨开，

青岛啊，对于远道而来的游客，

你就是一个绿色的海。

青岛的颜色

我要用自己的皮肤，

把青岛夏天的颜色带回去。

我叫海涛给冲上去，

我叫太阳给晒上去，

我叫沙滩给烫上去。

一　瞥

海水蓝，天色蓝，

一片蓝色分不开边，

它做了一个少先队员的背景，
她的红领巾红得比虹还鲜艳！

脱下了

脱下了，脱下了
身上和心上的负载。
大海呵——绿色的世界，
一个个轻快的身子，
投向你起伏的胸怀。

1956 年 7 月 24 日至 8 月于青岛湛山路

长城（二首）

一

你是一条万里宝带，
束在中华大地的腰肢，
猛然你把身子竖立，
成为巍巍登天的天梯！

你把一个又一个山头，
紧紧地连结在一起；
你是鼓舞奋发的宏图，
装在亿万人民的心里。

二

你是一个雄心的外延，
你是辉煌历史的见证，
人的创造力胜过鬼斧神工，
试问，人间何事是不可能？

你威严而崇高的形象，

使仰望的人们感到压力；
在航天人员俯视的眼中，
你像一条掣不断的柔丝。

山岩是你躯体的骨骼，
雄关是你炯炯的双眼，
你用身子作一道屏障，
阻住北边吹来的风寒。

你是世界文化的曙光，
你是中华民族智力的结晶，
长城，一个伟大神奇的存在，
一个万古不朽的精灵！

1984 年 6 月

课本里的作家

序 号	作 家	作 品	年 级
1	金 波	金波经典美文：第一辑 树与喜鹊	一年级
2	金 波	金波经典美文：第二辑 阳光	
3	金 波	金波经典美文：第三辑 雨点儿	
4	夏辇生	雷宝宝敲天鼓	
5	夏辇生	妈妈，我爱您	
6	叶圣陶	小小的船	
7	张秋生	来自大自然的歌	
8	薛卫民	有鸟窝的树	
9	樊发稼	说话	
10	圣 野	太阳公公，你早！	
11	程宏明	比尾巴	
12	柯 岩	春天的消息	
13	窦 植	香水姑娘	
14	胡木仁	会走的鸟窝	
15	胡木仁	小鸟的家	
16	胡木仁	绿色娃娃	
17	金 波	金波经典童话：沙滩上的童话	二年级
18	金 波	金波经典美文：一起长大的玩具	
19	高洪波	高洪波诗歌：彩色的梦	
20	冰 波	孤独的小螃蟹	
21	冰 波	企鹅寄冰·大象的耳朵	
22	张秋生	妈妈睡了·称赞	
23	孙幼军	小柳树和小枣树	
24	吴 然	吴然精选集：五彩路	三年级
25	叶圣陶	荷花·爬山虎的脚	
26	张秋生	铺满金色巴掌的水泥道	
27	王一梅	书本里的蚂蚁	
28	张继楼	童年七彩水墨画	

序 号	作 家	作 品	年 级
29	张之路	影子	三年级
30	曹文轩	曹文轩经典小说：芦花鞋	四年级
31	高洪波	高洪波精选集：陀螺	
32	吴 然	吴然精选集：珍珠雨	
33	叶君健	海的女儿	
34	茅 盾	天窗	
35	梁晓声	慈母情深	五年级
36	陈慧瑛	美丽的足迹	
37	丰子恺	沙坪小屋的鹅	
38	郭沫若	向着乐园前进	
39	叶文玲	我的"长生果"	
40	金 波	金波诗歌：我们去看海	六年级
41	肖复兴	肖复兴精选集：阳光的两种用法	
42	臧克家	有的人——臧克家诗歌精粹	
43	梁 衡	遥远的美丽	
44	臧克家	说和做——臧克家散文精粹	七年级
45	郭沫若	煤中炉·太阳礼赞	
46	贺敬之	回延安	八年级
47	刘成章	刘成章散文集：安塞腰鼓	
48	叶圣陶	苏州园林	
49	茅 盾	白杨礼赞	
50	严文井	永久的生命	
51	吴伯箫	吴伯箫散文选：记一辆纺车	
52	梁 衡	母亲石	
53	汪曾祺	昆明的雨	
54	曹文轩	曹文轩经典小说：孤独之旅	九年级
55	艾 青	我爱这土地	
56	卞之琳	断章	
57	梁实秋	记梁任公先生的一次演讲	高中
58	艾 青	大堰河——我的保姆	
59	郭沫若	立在地球边上放号	